ACCESO GRATIS *a la Lectura en la Nube*

Para visualizar el libro electrónico en la nube de lectura envíe junto a su nombre y apellidos una fotografía del código de barras situado en la contraportada del libro y otra del ticket de compra a la dirección:

ebooktirant@tirant.com

En un máximo de 72 horas laborales le enviaremos el código de acceso con sus instrucciones.

Fundamentos teórico-metodológicos del Modelo Educativo

Sistema Integral de Calidad Educativa (ME-SINCE) acerca de la Gestión de calidad académico-administrativa de las Institución de Educación Superior

Prospectiva de mejora continua

Martha Elia García Rebolloso

Fundamentos teórico-metodológicos del Modelo Educativo

Sistema Integral de Calidad Educativa (ME-SINCE) acerca de la Gestión de calidad académico-administrativa de las Institución de Educación Superior

Prospectiva de mejora continua

tirant humanidades
Ciudad de México, 2025

En caso de erratas y actualizaciones, la Editorial Tirant Humanidades publicará la pertinente corrección en la página web www.tirant.com/mex/.

© TIRANT HUMANIDADES
DISTRIBUYE: TIRANT LO BLANCH MÉXICO
Av Tamaulipas 150, Oficina 502
Hipódromo, Cuauhtémoc, 06100, Ciudad de México
Telf.: +52 15565502317
infomex@tirant.com
www.tirant.com/mex/
www.tirant.es
ISBN: 978-84-1081-342-7

Si tiene alguna queja o sugerencia, envíenos un mail a: atencioncliente@tirant.com. En caso de no ser atendida su sugerencia, por favor, lea en *www.tirant.net/index.php/empresa/politicas-de-empresa* nuestro Procedimiento de quejas.

Responsabilidad Social Corporativa:
http://www.tirant.net/Docs/RSCTirant.pdf

Índice

Fundamentos teórico-metodológicos del Modelo Educativo: Sistema Integral de Calidad Educativa acerca de la Gestión de calidad académico-administrativa de las Institución de Educación Superior (IES). Prospectiva de mejora continua. Parte II

En el presente libro se argumentan los fundamentos teóricos-metodológicos del Modelo de Calidad Educativa con Orientación a la Educación Superior como Eje Transformador para la Formación Integral Universitaria "Modelo Estratégico: Sistema Integral para la Calidad Educativa" (ME-SINCE), centrado en los procesos de Gestión de Calidad Académico-Administrativa, que requerirá partir de los referentes teóricos-metodológicos enfocados a la Gestión Académica y a la Administrativa que se presentan a continuación:

1.0 GESTIÓN ACADÉMICA DE UNA IES

La gestión académica de una IES se refiere a la administración adecuada de los factores fundamentales de la Educación Superior para cumplir con el compromiso adquirido con la sociedad y la rendición de cuentas de forma transparente y su contribución a la Formación Integral Universitaria a través de los programas educativos que la conforman y a los profesores de tiempo completo que son los ejecutores del proceso educativo que dirigen, por lo que es relevante enfatizar en estos factores que son considerados para la presente investigación.

Antecedentes sobre la Gestión Académica

Entre los elementos que influyen en la evolución social y humana, la educación es el elemento clave que permite al ser humano desarrollar su potencial creativo, ampliar el conocer, formarse para "hacer", "ser", "convivir" en una sociedad. La Educación Superior, permite la universalidad del conocimiento, el fomento de la investigación para el desarrollo y avance del hombre, y su participación abierta en diferentes escenarios vinculados al mundo del trabajo, así como la prestación de servicios académicos, están presentes en la sociedad contemporánea. (Ferrer & Pelekais, 2004)

La universidad como institución se fue gestando paulatinamente hasta que se instaura como una institución social siendo la universidad más antigua del mundo occidental en funcionamiento ininterrumpido: la Universidad de Bolonia, fundada en 1088, desde sus mismos orígenes fue un espacio generador de conocimientos quien según (Pozo, 2004), como generadora del conocimiento, se le atribuyó el carácter de "*Alma Mater*" por engendrar y transformar al hombre mediante la ciencia, lo que puede considerarse en términos más generales como la cultura desarrollada por el propio hombre. Se aprecia aquí una relación universidad-hombre-sociedad donde por supuesto el fin último es el desarrollo social del individuo como parte de la misma. Su devenir como una institución organizada ocurre a la par el de desarrollo de *la gestión de sus procesos* estratégicos. A través de su historia ha ido definiendo y fortaleciendo su identidad así como su nivel de pertinencia y relevancia en la sociedad en la que se desarrolla desde una diversidad de posiciones. De la misma manera, a la gestión académica le ha correspondido definir también su rol en el desarrollo de la cultura y su influencia en la sociedad.

Desde el siglo XII, la universidad de Bolonia se diferenciaba de las de Salermo París y Oxford en su estilo administrativo, y por supuesto en sus conceptos fundamentales así como en su relación con el entorno.

Una breve mirada a la historia permite distinguir diferentes tipos de gestión en la historia de la universidad. La universidad de la Edad Media fue muy diferente de la bien organizada universidad actual, en el caso específico de América Latina, se manifiestan diferentes estilos de gestión a través de su evolución histórica. Diferentes autores, entre ellos (Tünnermann, 2003), expone la diversidad en la consideración del gobierno y la administración de las primeras universidades, de esta forma, en la Universidad de Bolonia era centrado en un gobierno de estudiantes, mientras que la Universidad de París tuvo como clase predominante a los profesores bajo la jurisdicción del Canciller de la catedral, a quien correspondía la dirección general de los estudios y la designación del rector.

Un aspecto que marca de igual forma en cuanto a la **gestión académica**, fue la decadencia que sufre la educación superior, luego de la Revolución Francesa, cuando en el siglo XIX Napoleón intentó unir las provincias conquistadas a partir de la política y la cultura como elemento rector de la nueva identidad. Según (Arocena & Sutz, 2004), su núcleo básico estuvo formado por las escuelas autónomas de Derecho, Medicina, Farmacia, Letras y Ciencias, donde aparecía separada la Escuela Politécnica, destinada a la formación de los cuadros técnicos, así como la Escuela Normal Superior, encargada de crear los profesores(as) que actuarían como multiplicadores en toda la nación, de la nueva cultura erudita de base científica.

Según los citados autores en la transformación del saber y de la actividad académica los principales factores que inciden, incluyendo los que la Educación Superior latinoamericana pone al tope de sus preocupaciones, se relacionan con: el financiamiento, la evaluación institucional y las vinculaciones con el sector productivo. Este último es recomendado, con énfasis variable, como herramienta para colaborar con el progreso económico, y el vínculo del estudiantado con la realidad ubicada fuera de las aulas. Por otro lado, en la relación con el sector productivo, gravita muy negativamente la "soledad del actor universitario", característica típicamente latinoamericana, como se explicó anteriormente.

La citada reforma, representa un cambio radical en *la gestión de la cultura de una IES*, establecida a través del cumplimiento de los *requisitos fundamentales, a través de un análisis de la situación actual* para establecer una visión y misión que será la razón de ser para una IES, considerando sus objetivos primarios así como en su quehacer y sus resultados. En el modelo napoleónico se implantó un nuevo humanismo cuya identidad además de basarse en la ciencia y la tecnología, observaba las necesidades sociales y defendía la revolución industrial. Sin embargo, al otorgarle importancia a las rutinas y burocracia, esta reforma asigna a las universidades los espacios de enseñanza y a las academias las relacionadas con la investigación.

Por otra parte, contraria a esta concepción, se desarrolla en Alemania una reforma universitaria que promovía la profundización de la ciencia basada en la búsqueda del saber tanto de académicos como de profesores universitarios. En este sentido Rivero (1971) hace referencia a una idea de Humbolt quien consideraba que el siglo XX ha mostrado que resulta más fructífera, tanto para la enseñanza como para la investigación, que la profundización de la ciencia se deba tanto a los profesores universitarios como a los investigadores. En realidad, los resultados de la gestión de la cultura resultan más fructíferos en una universidad donde se desarrolla la ciencia constantemente, donde los procesos sustantivos se enfocan esencialmente a la actividad como tal y no a los procesos burocráticos.

Los *procesos de gestión estratégicos* en el continente americano se formalizan con la inauguración de la Universidad Santo Tomás de Aquino, primada de América en Santo Domingo, en 1538. A través de ésta se comienza a transferir la cultura característica de la Universidad de Alcalá de Henares representante de la mayoría de las universidades europeas de la época. Según Nani (1998) desde el siglo XV, donde nacieron las ideas humanistas, el Renacimiento y la Reforma, pasando por el siglo

XVI, periodo donde se inicia la educación superior en Latinoamérica, el siglo de los pensadores franceses de la Ilustración y la Enciclopedia (siglo XVII), y hasta el siglo del inicio de la Revolución Industrial (XVIII), la universidad europea se sumió en un periodo de decadencia, a pesar de los descubrimientos geográficos, del surgimiento de la imprenta, de la revolución en las ciencias naturales.

Como es lógico, este fenómeno se debió a que la **gestión académica** todavía respondía a la iglesia y la aristocracia. Según (Tünnermann, 1999), se distinguen dos tipos de **gestión académica**, la de Alcalá de Henares en Santo Domingo y la de Salamanca en Lima y México. La primera, aunque con cierta independencia del poder civil tenía como principal preocupación la teología, hasta el punto que su rector era el "prior del convento". Las otras dos, fueron fundadas por iniciativa del reino español, encauzándose desde sus inicios en la obediencia a la corona.

Sin embargo, la relevancia es evidente cuando sus constituciones y estatutos, inspirados en la tradición salamantina hasta en los menores detalles, fueron adoptados o copiados por muchas otras universidades del continente. En su trayectoria, evolucionaron hasta constituirse de 'universidades del virreinato', a precursoras de las universidades nacionales de América Latina. El caso específico de Santo Domingo, su **gestión académica** puede considerarse como el antecedente de las universidades católicas o privadas."

El principal acontecimiento que muestra la diferenciación de los tipos de gestión de las universidades americanas ocurre cuando el modelo napoleónico comienza a ser acogido por las universidades latinoamericanas. Según La Fuente y Genatios (2004) las universidades latinoamericanas se caracterizaron por el predominio de escuelas profesionales: en derecho, medicina, ingeniería, y de las academias militares. Este modelo, que reproduce el concepto napoleónico del siglo XIX, según el cual, la enseñanza profesional se separaba de los centros de generación del conocimiento exclusivamente académicos y científicos, evidencia una separación en el modo de gestión del de las americanas anglosajonas, donde predominaba el modelo alemán.

La creciente evolución cultural de la universidad latinoamericana produjo un cambio en cuanto a la participación estudiantil en la toma de decisiones, dicho cambio se ocasionó a partir de los sucesos de Córdoba, donde el poder estudiantil se impone a la autoridad de la época, las universidades estatales cambian el paradigma de universidad teológica al de universidad de corte populista.

A pesar de que las ansias de independencia influyeron en la cultura de las universidades latinoamericanas, este movimiento no fue lo suficientemente radical ni amplio para provocar un cambio de paradigma en su gestión. Según (Tünnermann, 2003), la universidad republicana tampoco logró ampliar la base social de la matrícula estudiantil, que siguió siendo representativa de las clases dominantes. Al mantenerse estáticas las estructuras fundamentales de la sociedad, perduró la naturaleza elitista de la institución durante el siglo XIX.

A principios del presente siglo, el Movimiento de Córdoba denuncia vigorosamente el carácter aristocrático de la universidad. Mientras que la **gestión académica** de la América anglosajona tiene su identidad en el estilo alemán, también presente en Europa junto con el esparcimiento de las academias al estilo francés, en América latina, la realidad ha sido distinta. La universidad latinoamericana no surgió como producto de una serie de acontecimientos y sucesos propios de la región, sino que fue producto de una importación, al igual que los demás elementos culturales europeos que llegaron al continente en los años posteriores de la llegada de los españoles. En general, *la gestión de la universidad latinoamericana* se caracteriza por la ausencia de la búsqueda de saberes, basada en un modelo francés trunco, enfocada solo a la parte de la dimensión docente, descuidando las dimensiones de investigación y extensión. De esta forma, en sus inicios, la improvisada universidad latinoamericana evoluciona acorde a su naturaleza profesionalizante, transmisora, y en el mejor de los casos, reproductora del conocimiento.

Los procesos de gestión académica influyen de manera decisiva en los resultados. Según (Handscombe & Norman, 1999), la alta gerencia debe reconocer, comprender y lograr cinco objetivos fundamentales para asegurar una base firme en el éxito competitivo:

1. El logro de estándares de rendimiento.
2. La creación de relaciones estratégicas comprometidas.
3. El uso efectivo de la tecnología para satisfacer las necesidades estratégicas.
4. El desarrollo y mantenimiento de un papel dinámico y favorable a la acción.
5. El empleo y desarrollo efectivo de las personas.

La **gestión académica** se sintetiza en un grupo de modelos que explicitan sus funciones y objetivos, no obstante, es importante puntualizar que se muestra una tendencia a la extrapolación de los modelos de gestión que son utilizados en la esfera de la industria, cuestión que hasta cierto punto afecta el cumplimiento de su rol.

1.1 GESTIÓN ADMINISTRATIVA

Modelos de Administración. Principales aportes a la teoría de la Administración

Los conocimientos de la ciencia y tecnología a la administración, se incorporan a partir del siglo XX, dando inicio al movimiento de la "Administración Científica" o taylorismo, haciendo más necesaria la creación de departamentos especializados favoreciendo la capacitación y especialización de la gestión de personal. Uno de los precursores de la teoría científica de administración fue Robert Owen, cuyas condiciones de trabajo y de vida eran deficientes para hombres, mujeres y niños hasta de cinco o seis años que trabajaban hasta catorce horas diarias, seis días a la semana; los salarios eran bajos, había hacinamiento y pobreza. Owen desempeñó el rol de "Reformador", construyó viviendas, puso bazar en la compañía, redujo la jornada laboral a diez horas y media y se negó a contratar niños menores de diez años. Invirtió en las "máquinas vitales", calificó su rendimiento, fomentaba el orgullo y promovía la competencia. (Hernández Cabrera, 2006)

Por su parte, Charles Babbage (1832), matemático inglés, aplicó principios científicos a los procesos de trabajo para incrementar la productividad y disminuir costos. Fue uno de los primeros en promover la división del trabajo. Frederick W. Taylor (1856–1915) basó su teoría en el análisis de tiempos y movimientos en la línea de ensamble. Dividió cada tarea en sus componentes y diseñó los más rápidos y mejores métodos para llevarlos a cabo. Aumentó el pago de acuerdo a la productividad. Disminuyó la jornada laboral a ocho horas y media e introdujo periodos de descanso. En sus obras: "Shop Management" y "The Principles of Scientific Management" describió su filosofía.

Según (DRAE, 1992), un modelo es la expresión de una realidad o sistema complejo mediante un lenguaje formal o simbolismo gráfico que facilita su comprensión y el estudio de su comportamiento.

La Administración se puede definir como un proceso que se puede analizar y descomponer en subprocesos y contiene cuatro componentes básicas las cuales son: la Planificación, Organización, Dirección y Control. (Llorens, 2011)

Las tendencias en la administración universitaria han sido abordadas por distintos autores, quienes las enmarcan en diferentes modelos que reflejan sus principales características. En este sentido, (Martín Rodríguez & Afonso Casado, 2005) en el trabajo presentado en las XII Jornadas de la Asociación de Economía de la Educación en España describe los principales modelos, los que se han tomado como referente importante en esta investigación.

A. Universidad emprendedora

Esta idea es introducida por Burton Clark ((Clark, 1998), (B. C. , The Entrepreneurial University: Demand and Response, Tertiary Education and Management, 1998), (B. C. , Collegial entrepreneurialism in proactive universities, 2000), quien describe la universidad como (1998b:4): "la respuesta emprendedora para una fórmula de desarrollo que sitúa la autonomía sobre una base definida: diversificar los ingresos para incrementar las fuentes financieras, proveer dinero discrecional y reducir la dependencia; desarrollar nuevas unidades departamentales externas para introducir nuevas relaciones con el entorno y nuevas fórmulas de pensamiento y formación. Los departamentos centrales también pueden ser autosuficientes; recolectar dinero, elegir activamente entre especialidades, y en todo caso, hacer previsiones; desarrollar un conjunto de creencias fundamentales que guíen y racionalicen la estructura de cambio que provea de una fuerte capacidad de respuesta; y construir una capacidad de dirección centralizada con el objetivo de realizar amplias elecciones que ayuden a orientar la organización".

Lo interesante de este modelo, según la concepción de este estudio es su precisión acerca de una universidad emprendedora, de una institución multidimensional que opere en muchas áreas, y busque constantemente nuevas oportunidades, participando activamente en la previsión de desarrollo del futuro. Ha de ser una institución flexible que se ajuste a los cambios del mercado, a las necesidades y nuevas oportunidades. (Martín Rivero & Afonso Casado, 2005)

B. Universidad innovadora

Se les denomina "universidades innovadoras" porque desean e intentan adaptarse a los cambios del entorno. Se incluyen bajo esta denominación dos grupos de universidades. Aquellas universidades que Clark (1998) denominó "universidades emprendedoras" y aquéllas que constituyen el ECIU (The European Consortium of Innovative Universities) (Van Vught, 2000).

Según (Martín Rodríguez & Afonso Casado, 2005) cuando se habla de gobierno y gestión en un contexto innovador hay que tener en cuenta dos dimensiones:

1. Dimensión externa: el sistema de gobierno y gestión de la universidad ha de estar en continua interacción con su entorno, lo que hace necesario la presencia de flexibilidad para poder reaccionar a las oportunidades que se le presentan. Esta dimensión externa supone la importancia de "la estrategia de autorregulación", la cual se centra en auto organizar las capacidades de las unidades descentralizadas. La amplia autonomía de estas unidades auto organizado le permitiría reaccionar de forma especializada a sus propias condiciones medioambientales y desarrollar capacidades de reacción hacia el exterior de la universidad de forma conjunta.
2. Dimensión interna: Alude a la necesidad de la universidad de crear una "cultura emprendedora integrada" (Clark, 2004) en la cual los cambios e innovaciones sean aceptados por todos los miembros de la comunidad universitaria. Dicha cultura podría conseguirse a través de elementos tales como: la planificación, el control, el uso de indicadores de eficiencia, actividad basada en sistemas de costes, responsabilidad basada en modelos presupuestarios, etc. (Martín Rivero & Afonso Casado, 2005)

C. Universidad que aprende

D. El concepto de "universidad que aprende" ("Learning University") se basa en la combinación de la noción clásica de la universidad como un fórum de aprendizaje y conocimiento y del moderno concepto de "organización que aprende" ("Learning organization"). Este tipo de universidad permite dos interpretaciones, la primera hace referencia a la provisión de un realce de la capacidad de aprendizaje. Esta estrategia depende del desarrollo de nuevos métodos pedagógicos, de la habilidad para combinar investigación basada en el aprendizaje, del incremento del aprendizaje mediante el uso de ayuda multimedia, de la movilización de grupos de estudiantes para el proceso de aprendizaje, de cursos basados en proyectos con grupos interdisciplinares y programas de acción de aprendizaje. La segunda está basada en el concepto de autoevaluación entendiéndose, en sentido amplio, como sinónimo del concepto de "universidad emprendedora" (Kristensen, 1999). Para la organización como un todo, esta estrategia depende del compromiso de continuar un desarrollo de calidad y un incremento de la competencia, y de la construcción de redes internas y externas. En particular, llama al uso de alianzas estratégicas constructivas, al aprendizaje de éxitos y fracasos de modo sistemático creando una cultura organizacional innovadora para todos los grupos de personas, que forman parte de la organización.

La idea de "organización que aprende", es el modelo más influyente en Suecia (Göteborg University) y Dinamarca (Copenhagen Business School). De acuerdo con (Martín Rivero & Afonso Casado, 2005) para que una universidad pueda definirse a sí misma como una "universidad que aprende", debería contar con los siguientes requisitos:

- Asumir riesgo y experiencia.
- Monitoreo y evaluación.
- Apertura, curiosidad y buena voluntad para admitir errores.
- Elaborar mecanismos para resolver problemas.
- Ausencia de complacencia.
- Actividades internas y externas de benchmarking.

E. Aplicación de procedimientos de adaptación gradual

Una visión menos radical de los cambios que pueden adoptar las instituciones universitarias es lo que (Villareal Rodríguez, 2000), a partir del trabajo de (Kogan, 1999), denomina "procedimientos de adaptación gradual", que permiten una mejora en la eficiencia interna de las universidades mediante una simple reorientación de las relaciones entre la estructura académica y la estructura administrativa.

F. Universidad adaptativa

Sporn ((B. S. , 1999a), 1999b (Sporn, 2000) realiza un trabajo empírico en el que analiza a seis universidades que, enfrentándose a cambios del entorno diferentes y mostrando respuestas adecuadas a dichos cambios, agrupa bajo la denominación de "universidad adaptativa" ("University Adaptativa").

La adaptación no implica necesariamente reactividad en la parte de una organización, porque la adaptación proactiva o anticipada también es posible. Pero el énfasis está definitivamente en responder a algunas discontinuidades o a la falta de adecuación que surge entre la organización y su entorno.

G. Modelos cibernéticos

Los autores, (Birnbaum, 1989) presentan una aproximación conceptual del gobierno, gestión y liderazgo institucional, basándose en el modelo cibernético de organizaciones. Dicho autor, parte del trabajo de (Cohen & March, 1986) y se asemeja al modelo que estos autores denominaron "organización anárquica".

Las instituciones de educación superior son consideradas como organizaciones complejas, de aparente desorden y con casi total ausencia de claras estructuras de gestión, pero que presentan un grado razonable de estabilidad y regularidad. Dicha estabilidad se consigue a través de controles cibernéticos, esto es, a través de mecanismos de autocorrección en el micro nivel, basados en el feedback, que regulan el funcionamiento de la organización. A través del feedback se detectan y corrigen errores, devolviendo a la institución al estado deseado. Por tanto, la coordinación no es provista por un agente omnipresente y racional, sino por una acción correctiva espontánea por parte de diferentes agentes en la institución, trabajando en armonía y con una cultura común.

En palabras de (Birnbaum, 1989) "las actividades se regulan mediante sistemas de control que funcionan como "termostatos organizacionales". Asimismo, dicho paradigma permite, dentro del proceso de toma de decisiones, la existencia de los modelos burocráticos, colegial, político y anárquico simultáneamente en áreas restringidas dentro de las actividades de las instituciones de educación superior: por ejemplo, un modelo burocrático en la mayoría o en todas las áreas de administración; un modelo de mercado para ciertos servicios internos y externos, etc.

H. Organizaciones en red

El "Modelo de administración en red" es aquél al que deben tender las universidades en sus formas de gobierno y gestión para responder rápidamente a situaciones de creciente complejidad.

El "modelo red" recoge formas de gobierno y de gestión universitaria que permiten responder rápidamente a un entorno complejo. Una red significa la existencia de relaciones estructuradas entre individuos o grupos con intercambio de comunicación lateral y recíproca. (Martín Rodríguez & Afonso Casado, 2005)

1.2 ANTECEDENTES EN LA GESTIÓN ACADÉMICO-ADMINISTRATIVA

Los requerimientos del mundo actual propician que las situaciones se vayan transformando en las IES *y la Gestión Académico-Administrativa,* a través del tiempo esta labor ha evolucionado, es necesario detenerse a observar cómo el alcance de las funciones que realiza las áreas encargadas de administrar los programas educativos y los profesores de tiempo completo que se transforman en base a las demandas de la sociedad. Estas bases siembran un precedente que muestra una guía de funciones básicas a realizar por esta área que muestra cómo al paso del tiempo y los nuevos requerimientos obligan una transformación necesaria.

El enfoque de sistemas analiza la organización como un todo y como una parte de un ambiente externo más amplio, como un sistema unificado e interrelacionado entre sí.

Las partes del sistema son subsistemas, cuyo todo es mayor que la suma de las partes (sinergia), interactúan con su ambiente por lo que se le denomina abierto, pero tiene un límite que lo separa del ambiente externo. Tiene flujos de materiales y energía o insumos que son transformados en el interior del sistema mediante procesos y salen de él en forma de productos. La clave del control del sistema es la retroalimentación.

La definición de Teoría de Sistemas también conocida con el nombre de teoría general de sistemas, abreviado con la sigla TGS consiste en un enfoque multidisciplinario que hace foco en las particularidades comunes a diversas entidades. El biólogo de origen austriaco Ludwig von Bertalanffy (1901–1972), cuentan los historiadores, fue quien se encargó de introducir este concepto a mediados del siglo XX. (Luhmann, La teoria de sistemas de Niklas Luhmann , 2010)

De acuerdo a los especialistas, se la puede definir como una teoría frente a otras teorías, ya que busca reglas de valor general que puedan ser aplicadas a toda clase de sistemas y con cualquier grado de realidad. Cabe destacar que los sistemas consisten en módulos ordenados de piezas que se encuentran interrelacionadas y que interactúan entre sí.

Puede distinguirse entre un sistema conceptual o ideal (basado en un grupo organizado de definiciones, símbolos y otros instrumentos vinculados al pensamiento) y uno real (una entidad material con componentes ordenados que interactúan de modo en que las propiedades del conjunto no pueden deducirse por completo de las propiedades de las partes).

Pese a que la teoría de sistemas surgió de la mano de un especialista en biología, con el paso del tiempo se extendió a diferentes campos de estudio, como la cibernética y la información. El sociólogo alemán Niklas Luhmann (1927–1998) ha sido uno de los responsables de adaptar y aplicarla en el ámbito de las ciencias sociales.

Entre los principios de la teoría de sistemas, se pueden mencionar la utilización de los mismos conceptos para describir los rasgos principales de sistemas diferentes, la búsqueda de leyes generales que facilitan la comprensión de la dinámica de cualquier sistema y la formalización de las descripciones de la realidad. En conclusión, puede resaltarse que posee un carácter dinámico, multidimensional y multidisciplinario.

Sistemas abiertos (homeostasis) y cerrados (entropía)

Un sistema se considera abierto (homeostasis) cuando se relaciona permanentemente con su medio ambiente, intercambiando energía, materia e información del sistema que maneja, donde ambos interactúan y evolucionan. En cambio, es cerrado (entropía) si esta interacción es mínima, ya que se vale de su propia reserva de recursos; como consecuencia de esta falta de comunicación, sus componentes no sufren modificación alguna. Los sistemas a los que pertenecen las células, las plantas, los insectos, el hombre mismo, son abiertos; presentan una constante tendencia hacia la evolución y presentan un orden estructural. (Luhmann, La teoria de sistemas de Niklas Luhmann , 2010)

Propiedades de un sistema abierto

Totalidad: un sistema es un todo comprendido por sus componentes y sus propiedades, una organización en la que el comportamiento y la expresión de cada uno repercute y es afectada por los demás. Este tipo de sistema es mucho más que la mera suma de cada una de sus partes;

Objetivo: aunque un sistema haya sido concebido de manera disfuncional, siempre tiene un objetivo en común y tiende a la supervivencia, lucha por no desintegrarse, por perjudicial que parezca dicho grupo para algunos de sus integrantes;

Equifinalidad: el mismo resultado puede obtenerse a partir de condiciones diferentes, así como el mismo origen puede llevar a finales diversos, porque el punto clave es la naturaleza de la organización y la interacción que se dé entre sus componentes;

Protección y crecimiento: en los sistemas coexisten una fuerza que hace que el sistema mantenga su estado anterior y otra que provoca cambios en el mismo, lo cual asegura a la vez la estabilidad y la adaptación a situaciones nuevas;

Equipotencialidad: asociada a la frase "el pasado no existe y el futuro es impredecible", define que un mismo comienzo puede llevar a resultados diferentes, que al extinguirse un componente, otro puede tomar su lugar. (Luhmann, La teoria de sistemas de Niklas Luhmann , 2010)

Los sistemas cerrados (entrópicos), por el contrario, no establecen un orden o diferenciación de sus elementos; por consiguiente, distribuyen de manera uniforme la energía, por lo que haciendo una analogía con cualquier tipo de organización se considera solo el ambiente interno y el sistema que maneja, por lo que la consecuencia con el tiempo es la obsolescencia y la posible pérdida de la competencia en el mercado y como consecuencia, la quiebra de la misma.

Por otra parte el enfoque de contingencias llamado también enfoque situacional por Charles Kindleberger, según varían las situaciones o circunstancias, utilizando la tecnología y conocimientos más adecuados para cada fin. El nuevo movimiento de relaciones humanas enfoca integralmente la teoría de la administración, combinándola con conceptos positivos de la naturaleza humana y el estudio científico de las organizaciones, para recomendar la forma en que deben actuar los gerentes efectivos en la gran mayoría de situaciones o circunstancias.

Tom Burns y Stalker afirman que "el principio de la sabiduría en la administración consiste en advertir que no existe un sistema óptimo de administración". Va más allá de la contingencia. Edwards Deming estableció los principios de "Calidad" en el trabajo y las relaciones individuales de los trabajadores con otros, muy similar a los que ideó Fayol. Tom Peters y Waterman publicaron su estudio sobre 43 compañías norteamericanas excelentemente administradas.

Estas tuvieron rentabilidad constante durante más de veinte años, respondieron con éxito a las necesidades de los clientes, promovieron un ambiente de trabajo gratificante y pleno de desafíos para sus empleados y cumplieron con sus obligaciones sociales y ambientales. En su obra "La búsqueda de la Excelencia" descubren al hombre como ente sensitivo, intuitivo y creativo, en vez del hombre racional o el hombre motivado por el temor.

Peter Drucker y Ouchi, consideran que el, renovado énfasis en las relaciones humanas es un avance importante en el pensamiento administrativo. La toma de decisiones debe convertirse en una actividad participativa y la responsabilidad debe ser considerada como una función colectiva.

A continuación se muestra un esquema de aportaciones de diferentes autores sobre diferentes enfoques sistemáticos:

Tabla 1 Esquema de aportaciones de los diferentes enfoques sistemáticos sobre la Administración.

ENFOQUE SISTEMÁTICO	
Autor	Implementó
Frederick W. Taylor	Mejoras en procesos de administración y control.
Henry Gantt	Genera un sistema de evaluación y recompensas. Implementa metodologías de planeación.
Robert Owen	La Teoría Científica de la Administración.
Henry Fayol	Promueve la organización total, sistematizando métodos administrativos.
Max Weber	Crea una administración estructurada y normalizada que integra un sistema de evaluación.
Mary Parker Follet	Promueve la sinergia y suficiencia en los equipos de trabajo.
Chester Barnard	Promueve una filosofía integral entre empleado y empresa para beneficio de ambos.
Elton Mayo	Destaca el sentido de pertenencia y destaca la importancia del ambiente de trabajo.
Argyris, Maslow y McGregor	Desarrollan técnicas de análisis y solución de problemas administrativos.
Walter Shewhart	Desarrolló los métodos para el análisis estadístico y el control de la calidad
Edwards Deming	Enseñó métodos para el análisis estadístico y el control de calidad a ingenieros y ejecutivos japoneses. Esto puede considerarse como el origen de la TQM
Kaoru Ishikawa	La síntesis de su filosofía contribuyó a la ascendencia de Japón como líder de calidad
Joseph M. Juran	Enseñó los conceptos de controlar la calidad y el avance de la gestión
Armand V. Feigenbaum	Publicó el libro Total Quality Control, un precursor para la comprensión actual de TQM

Elaboración personal de la autora

La información de la tabla anterior es considerada la base de los sistemas de calidad bajo los cuales las organizaciones de cualquier índole establecen procesos estratégicos que favorecen el crecimiento productivo y económico, hablando de las IES el crecimiento del conocimiento científico y tecnológico que impactará en la sociedad. (James, 2016).

1.3 HISTORIA DE LA CALIDAD EN LA EDUCACIÓN SUPERIOR

Aunque las circunstancias varían de un país a otro, varias tendencias generales han contribuido al creciente interés de los gobiernos por establecer mecanismos normativos destinados a garantizar la calidad y la responsabilidad en la educación superior. La tendencia hacia una educación superior masiva ha sido especialmente importante.

En muchos países se han duplicado o triplicado las tasas de matrícula en las instituciones de educación postsecundaria en las últimas décadas, así como las tasas de participación de los jóvenes. Actualmente, en la mayoría de los países de ingreso mediano entre el 25% y el 45% de los jóvenes se matricula en instituciones de enseñanza superior. (ANUIES, 1998)

La educación superior masiva se ha traducido en mayores opciones de educación; en la mayoría de los países se han creado diferentes tipos de instituciones, programas de estudio de diferente duración, y diversas modalidades de suministro de instrucción como forma de hacer frente al rápido aumento de la matrícula. Además, está surgiendo un sector empresarial privado en el área de la educación superior y, en muchos países, se están ampliando los servicios de enseñanza mediante la educación a distancia.

Por otra parte, a medida que las universidades han aumentado de tamaño y se han hecho más especializadas, han diversificado sus funciones y con frecuencia han tratado de satisfacer las necesidades de las empresas e industrias. (Castillo, 2013) o de contribuir mejor a satisfacer las necesidades locales, regionales, nacionales e internacionales con la calidad que la educación superior requiere.

En la conferencia mundial sobre la educación superior en la UNESCO, que se celebró en París del 5 al 9 de Octubre de 1998, se consideró que en los países miembros de la Organización y Cooperación de Desarrollo Económico (OCDE), el desarrollo de la educación superior está correlacionada con el desarrollo económico, "ya que la tasa de matrícula es del 50% en los países económicamente potenciales, frente al 21% de los países de ingreso medio y el 6% de los países de ingreso bajo" (Banco Mundial, 1998). En una publicación del Banco Mundial titulada "La educación superior: las lecciones derivadas de la experiencia" (Banco Mundial, 1995), en éste se menciona que la crisis de la educación superior se manifiesta en los países en desarrollo, ya que con limitaciones presupuestarias y el aumento de la demanda, por el crecimiento poblacional, se ve afectada en calidad y cantidad de: infraestructura en edificios, para laboratorios adecuados y de alta tecnología, así como el recurso humano en la enseñanza y la investigación, reduciendo la calidad de la enseñanza.

"En el análisis de los resultados de diversos países, de la publicación mencionada, se establecieron cuatro enfoques básicos de para reformar la educación superior:

1. Fomentar una diferenciación de las instituciones

2. Proveer incentivos a las instituciones para que diversifiquen sus fuentes de financiamiento

3. Redefinir al Estado en el papel correspondiente al área de la educación superior

4. Introducir políticas centradas específicamente en el logro de los objetivos de calidad y equidad." (Banco Mundial, 2003)

A través del tiempo los diferentes países han considerado estos informes y han establecido estrategias para atender el alza de la matrícula y la calidad de diferentes formas las cuales se comentan a continuación:

En Indonesia:

"El Banco Mundial respaldó en 1987, la incorporación de mecanismos de acreditación en un proyecto destinado a mejorar los niveles de formación pedagógica en las instituciones públicas. El objetivo fue convenir en el establecimiento de un grupo de normas para evaluar a todas las instituciones de formación pedagógica y establecer un marco de referencia para el desarrollo institucional. El estudio piloto permitió promover la aceptación de la acreditación como mecanismo para mejorar la formación pedagógica.

Posteriormente fueron ejecutados con éxito tres proyectos de educación superior que comportaron financiamiento por concurso y acreditación: el proyecto de investigación universitaria para la educación de postgrado, el proyecto de desarrollo de la educación superior y el proyecto de calidad de los estudios superiores. Los tres proyectos se centraron en mejorar la calidad y eficiencia de la educación superior mediante el otorgamiento de donaciones para perfeccionamiento por concurso". (Banco Mundial, 1997)

En Rumanía:

En 1995, el gobierno de Rumanía estableció la ley sobre la educación, como estrategia de reforma, adoptada en 1994. Esta nueva ley remplazo la centralización, que se tenía como control en el Ministerio de Educación, por la supervisión sistémica a través de cuatro organizaciones reguladoras semiautónomas: el Consejo nacional de acreditación y evaluación académica, el Consejo nacional de títulos universitarios, el Consejo de financiación de la educación superior, y el Consejo de investigaciones universitarias.

"Además, la revitalización de los programas de estudios —a través del Consejo de acreditación— está mejorando los niveles de calidad, especialmente en las nuevas universidades públicas y privadas. Se está elevando la calidad del cuerpo docente mediante la creación de programas de postgrado destinados a capacitar a la próxima generación de profesores, en tanto que el Consejo de investigaciones universitarias está financiando la creación de nuevos programas de postgrado e investigaciones relacionadas con éstos. Aún deben adoptarse algunas medidas para reforzar los mecanismos de control de calidad ya incorporados. La responsabilidad por el mantenimiento de las normas de calidad se logrará mediante un examen periódico de los programas, como se prevé en la Ley sobre acreditación. Se formularán y aplicarán normas y procedimientos para la realización de evaluaciones periódicas de la calidad. Se crearán incentivos para mejorar la calidad a nivel universitario y de postgrado mediante un sistema competitivo de asignación de donaciones para la innovación de los programas y la investigación. La asignación del gasto público se orientará a enmendar las omisiones del pasado; para ello, los recursos destinados al desarrollo, la innovación y la inversión de capital se aumentarán a un nivel de por lo menos un 20% del gasto público total en educación superior. Los estudios de postgrado se concentrarán en instituciones seleccionadas de modo que los recursos puedan orientarse al desarrollo de programas de alta calidad." (Banco Mundial, 1996)

En Argentina:

Los programas y las instituciones en Argentina en 1994, no estaban sujetos a un sistema oficial de evaluaciones ni acreditaciones, esto condujo a duplicación de disciplinas e insuficiencia en otras los programas no contaban con recursos suficientes que garantizaran un mínimo de calidad, la composición de las calificaciones al cuerpo docente eran inadecuadas para suministrar una educación de calidad, el bajo nivel de remuneraciones, dificultaba la contratación y retención del personal calificado, esto ocasionó deterioro en el material de enseñanza y de investigación, teniendo como resultado un nulo mejoramiento en la educación.

Desde entonces el Gobierno de Argentina inicio un esfuerzo sobre el mejoramiento de la calidad en la educación superior, creando:

1. Mejoras en el marco jurídico y normativo de nuevas instituciones y programas públicas y privadas, la gestión de las universidades y la evaluación de la calidad,

2. Creación de incentivos para mejorar la eficiencia y calidad de las instituciones a través de iniciativas e inversiones de apoyo.

3. Una mejor distribución de los recursos dentro de las universidades y el respaldo a iniciativas a diversificar dichos recursos.

"La Comisión Nacional de Evaluación y Acreditación Universitaria (CONEAU), respaldada en parte por un proyecto del Banco Mundial, es el principal mecanismo para mejorar y evaluar la calidad de la educación superior en la Argentina. La misión de la Comisión consiste en:

a) Promover el proceso de autoevaluación en las universidades públicas y privadas;

b) Consolidar y ampliar la evaluación externa de las universidades, y

c) Acreditar programas universitarios de interés público y estudios universitarios superiores en todas las disciplinas.

En el diseño de los proyectos se da gran importancia a un mayor uso de los sistemas de incentivos en la ejecución de las políticas. La experiencia de los países de la OCDE indica que el modo más eficaz de influir en el funcionamiento de las universidades autónomas es aumentar la disponibilidad de información y modificar los sistemas de asignación de recursos.

Por consiguiente, el proyecto se basa principalmente en dos instrumentos:

a) Un sistema de información y evaluación que proporciona información transparente y objetiva a todas las partes interesadas, es decir, a los estudiantes, administradores y maestros, y

b) Un sistema de asignación que ofrece incentivos para la eficiencia, lo cual contribuye a crear un ambiente más competitivo". (Banco Mundial, 1995)

En Brasil:

El Consejo Federal de Educación, es el mecanismo político para controlar el sistema de la educación superior en Brasil, cuya función principal es aprobar los estatutos de las nuevas instituciones, acreditar los programas de estudio, y fijar los costos de la enseñanza y los derechos y niveles de matrícula en las instituciones públicas y privadas, sin embargo, no cuenta con suficiente personal, ni presupuesto para ejercer las atribuciones, ni la asignación de recursos a las instituciones que supervisa.

El 28% de la educación superior es pública y el 72% restante es privada, la cual está respaldada por el estado en forma de préstamo a los estudiantes, el programa de préstamos está administrado por el Ministerio de Educación, no por el Consejo Federal de Educación que desempeña una labor de acreditación para mejorar los niveles de calidad muchas instituciones de la educación superior privada.

En Chile:

En el sistema de educación, la educación superior se encuentra en un punto intermedio entre la minoría privilegiada y un sistema de educación masiva totalmente diversificado. En 1981 se dividió la educación superior en tres estratos: universidades, institutos profesionales y centros de capacitación técnica. Comenzaron a cobrarse derechos de matrícula en las instituciones públicas. También se creó un programa de préstamos para estudiantes de las instituciones públicas. Se adjudicaron fondos para investigaciones por concurso.

"La estrategia del Gobierno para abordar estos problemas consiste en fijar la calidad, equidad y eficiencia como objetivos prioritarios del sistema de educación superior. Para ello, se mejorará y ampliará el actual sistema de acreditación y evaluación a fin de incluir a todas las instituciones de educación superior". (Banco Mundial, 1998)

Algunos organismos de control de calidad han comenzado a adaptar sus procedimientos de evaluación a fin de aplicarlos a la creciente variedad de oportunidades existentes en las áreas de educación a distancia y otros tipos de educación por medios electrónicos, incluidos los cursos ofrecidos en la televisión y los servicios de educación en la Internet. En los Estados Unidos, por ejemplo, los organismos acreditadores y otras organizaciones han preparado informes sobre formas de evaluar la educación a distancia. Sin embargo, la mayoría de estos informes ofrecen poca capacidad de adaptación y se limitan a seguir procedimientos que fueron creados para los sistemas de aprendizaje convencionales, en lugar de proponer procedimientos de evaluación adecuados para estas nuevas modalidades de educación. Esas adaptaciones podrían ser adecuadas si el número de instituciones que utilizan sistemas de enseñanza por medios electrónicos es limitado, si el número de estudiantes es reducido o, como en el caso de Australia, si la enseñanza está a cargo de instituciones tradicionales con gran experiencia en el terreno de la educación a distancia. El uso de mecanismos de supervisión de alcance limitado también podría ser suficiente cuando los servicios de educación a distancia son suministrados por una institución pública, como ocurre en la India y el Reino Unido. (Banco Mundial, 1998)

PROBLEMAS RELATIVOS A LA CALIDAD

"Los gobiernos de la mayoría de los países del mundo, al estudiar los programas de educación superior en el curso de las últimas décadas, han centrado su atención en los problemas relativos al control y el mejoramiento de la calidad. A pesar de las diferencias en el tamaño y la etapa de desarrollo del sector de educación en los diversos países, muchos gobiernos han llegado a la conclusión de que los métodos tradicionales de control académico no son adecuados para hacer frente a los desafíos del presente y que es necesario crear controles de calidad más explícitos. Algunas organizaciones, como la Comisión Europea o la OCDE, han reforzado esta tendencia al solicitar la creación de nuevas estructuras y nuevos métodos para asegurar la calidad." (Banco Mundial, 2003)

El mayor tamaño y la diversificación de la educación superior han dado lugar también a la adopción de iniciativas oficiales orientadas a asegurar la calidad. Actualmente, se estima que los procedimientos tradicionales —a menudo informales— de control de calidad, que se consideran adecuados sólo para unas pocas instituciones y un volumen relativamente reducido de matrículas, son insuficientes en el contexto más variado de un sistema de educación superior de mayor envergadura.

La adopción de sistemas oficiales de control de calidad que se observa en muchos países y regiones, es una de las tendencias más importantes que han afectado a la educación superior en las últimas dos décadas. Actualmente, muchos países cuentan con organizaciones o entidades encargadas de examinar los controles de calidad de las instituciones de enseñanza superior. Esta nueva tendencia se refleja en la aparición de redes, periódicos y boletines internacionales y en la celebración de conferencias en que se examinan cuestiones relativas al control de calidad.

Se está alcanzando cierto consenso sobre los efectos generales del control de calidad, al menos en lo que respecta a los sistemas que han adquirido amplia experiencia y han sido objeto de evaluaciones sistemáticas. Por ejemplo, en varios estudios se ha observado que los sistemas de control de calidad han obligado a las instituciones de enseñanza a prestar mayor atención a la eficacia de la enseñanza y el aprendizaje. En algunos sistemas han mejorado las tasas de terminación de estudios conducentes a la obtención de títulos universitarios, debido a que se ha atribuido más importancia a los servicios y el asesoramiento para los estudiantes. En los sistemas de control de calidad que se ocupan principalmente de las instituciones, como ocurre en Francia, se ha observado un mejoramiento de la gestión institucional y la planificación estratégica y una mayor adecuación de los programas a las necesidades existentes. En Indonesia, un nuevo procedimiento destinado a fomentar la evaluación interna y la revitalización de los programas ha tenido un éxito considerable. Según algunos analistas, estos cambios demuestran que actualmente hay más aceptación entre las autoridades universitarias de la necesidad de utilizar procedimientos de gestión transparente y responsable. También se han identificado algunas deficiencias; se teme, por ejemplo, que los sistemas de control de calidad hayan dado lugar a un comportamiento orientado al "cumplimiento" y a un papeleo desmesurado. Además, los sistemas de control de calidad imponen una carga administrativa y financiera considerable sobre los gobiernos, que en muchos países podría ser difícil de mantener durante un período prolongado o al cambiar las autoridades políticas.

"Las estrategias relativas a la calidad varían considerablemente entre los países. Algunos gobiernos han adoptado medidas encaminadas a reforzar la calidad mediante la incorporación de nuevos requisitos de rendición de cuentas y otros mecanismos de control de la gestión. En la Argentina, por ejemplo, se han creado mecanismos de control de calidad que dependen de un mejor sistema de información y evaluación y de nuevas normas para el financiamiento de las universidades. Muchos países han desarrollado sistemas de acreditación, mientras que otros han establecido comités de evaluación o centros que realizan ciclos de evaluación externa. En muchos países se han creado órganos independientes, a menudo una entidad de alcance nacional, si bien en algunos casos, como en los Países Bajos, México o Rumanía, existe un organismo diferente para cada tipo de institución, región o propósito. Esta diversidad de estrategias denota las preferencias políticas y culturales de cada país, las diferencias en la dirección del gobierno, y la etapa de desarrollo del sector de la educación superior" (Banco Mundial, 2003)

La función y estructura de los sistemas de control de calidad de la educación superior sigue siendo objeto de debate, tanto a nivel internacional como de los países. No obstante, en el curso de los años las cuestiones por dilucidar han evolucionado desde la interrogante inicial de si era necesario crear nuevos tipos de control de calidad hasta el actual debate sobre cuáles son las formas más eficaces de abordar la cuesción. Muchas autoridades del ámbito académico criticaron los enfoques iniciales y defendieron los métodos tradicionales de control de calidad aunque éstos eran, en gran medida, de carácter interno y no resultaban transparentes para los observadores externos. Más recientemente, los académicos parecen haber reconocido que las presiones de la educación superior masiva y las limitaciones financieras han cambiado de tal manera las condiciones de la educación superior que los métodos de control de calidad oficiales, validados por una autoridad externa, deben constituir un componente central de los sistemas de educación superior. El reciente debate en Inglaterra refleja este cambio de criterio. Si bien los métodos empleados para asegurar la calidad siguen siendo objeto de numerosas discusiones y análisis —en comisiones especiales, artículos, documentos de conferencias, estudios de evaluación y en los medios de comunicación (Banco Mundial, 2003), gran parte del debate está centrado en comparar los diversos métodos y en determinar si es preciso simplificar ciertos procedimientos, o si un determinado procedimiento da a algunas instituciones una ventaja injusta sobre otras.

Existe amplio debate, por ejemplo, en torno al problema de si es la institución de enseñanza, como un todo, la que debe ser objeto de análisis, o si, por el contrario, los exámenes de la calidad deben centrarse en cada uno de los programas o disciplinas académicas. Si bien en los países de Europa occidental hay consenso general sobre otros aspectos del control de calidad, existen grandes diferencias en lo que respecta a concentrar el análisis en los programas o las instituciones. En Dinamarca, los Países Bajos y Portugal se ha dado énfasis al análisis de los programas académicos. En Francia, en cambio, se comenzó haciendo evaluaciones institucionales, pero actualmente se realizan ambos tipos de evaluación. En Alemania, algunas universidades están realizando auditorías institucionales u otras evaluaciones de nivel institucional. En el Reino Unido se han realizado tanto evaluaciones institucionales como de los programas, si bien bajo el patrocinio de entidades diferentes, y en Irlanda el mismo organismo lleva a cabo ambos tipos de evaluación. Fuera de Europa, muchos países han comenzado con un enfoque basado en el análisis institucional, pero al ampliarse las disciplinas profesionales han surgido fuertes presiones para que se realicen evaluaciones basadas en cada programa.

El campo de acción de los sistemas de control de calidad también ha variado considerablemente. En Escocia e Inglaterra, por ejemplo, existen procedimientos para supervisar la eficacia de la enseñanza, mientras que en Hong Kong se está dando prioridad a la creación de mecanismos de gestión de alta calidad. Se han establecido otros sistemas para otorgar permisos a las nuevas instituciones o para certificar credenciales de educación. Además, se han adoptado medidas orientadas a recompensar la productividad en la investigación, ya sea de determinados especialistas (como en México) o de todo un departamento académico (como en el Reino Unido). Además, los organismos de control de calidad han abordado de manera muy diversa los problemas relativos a la transferencia de estudiantes y los estudios en el extranjero, así como los relativos a la ampliación de las nuevas modalidades de suministro de servicios de educación, como la educación con vídeo, la transmisión interactiva a lugares remotos o, más recientemente, el aprendizaje a través de la Internet. (Banco Mundial, 2003)

Elementos fundamentales del control de calidad

Una vez analizados los datos a nivel mundial se establecen diferentes elementos fundamentos del control de calidad en las instituciones de educación superior considerando de manera concreta los siguientes:

- Organismos semiautónomos
- Normas y expectativas explícitas
- Autoevaluación de las instituciones o unidades académicas
- Evaluación externa de expertos invitados
- Recomendaciones escritas
- Información pública

- Atención tanto al proceso (es decir, la capacidad) como a los resultados

Estos temas, que actualmente son objeto de análisis tanto en los círculos de gobierno y académicos, son sólo algunos de los muchos y complejos problemas que podrían considerarse al desarrollar un sistema de control de calidad para la educación superior. (ANUIES, 1998).

Antes de adoptar un enfoque integral será necesario resolver varias interrogantes, entre ellas: qué inspeccionar y cómo; quién se hace cargo de la inspección y quién administra el proceso a fin de que se realice de manera imparcial, y qué debe informarse tras la inspección y cuáles son las consecuencias del informe.

También es posible que surjan presiones para que se aumente la eficiencia dada la carga administrativa creada por muchos de los sistemas actualmente en vigor. Además, al aumentar la importancia de sus resultados, los sistemas de control de calidad deberán atender a una demanda más insistente de que se dé un trato homogéneo a todas las instituciones y se incremente la transparencia de sus procedimientos y decisiones. Debido a estas presiones, el actual período de prueba —durante el cual se ensayan y analizan diversas ideas y métodos— podría ceder el paso a la adopción de estructuras estables y prácticas aceptadas para muchos sistemas de control de calidad.

Desde las publicaciones mencionadas se han producido excelentes cambios en la educación superior, el uso de nuevas tecnologías ha ampliado el alcance de la educación, el proceso de enseñanza aprendizaje ha evolucionado y ha surgido la necesidad de crear una forma nueva de controlar la calidad en la educación superior en el siglo XXI.

Dichos estudios de prueba ayudarán a clasificar a las universidades según distintos indicadores de calidad por región, por país e incluso a nivel mundial; no sólo en lo relativo a la enseñanza y la investigación sino también a toda la gama de misiones de conocimiento (Schofield, 1998). Se está estudiando una variedad mucho mayor de factores en el marco de los procedimientos de control de calidad que actualmente se encuentran en gestación.

ISO EN EL MUNDO:

El estándar internacional ISO 9001:2015 especifica los requerimientos de un Sistema de Administración de la Calidad de manera que pueda ser usado por las Organizaciones con el objetivo de lograr la satisfacción de él o los clientes, cumpliendo con los requerimientos del cliente y las regulaciones aplicables.

La Organización Internacional para la Estandarización. Su sede ubicada está ubicada en Ginebra Suiza. Se basa en un modelo especialmente desarrollado con enfoque de procesos.

Historia de la ISO

La Organización Internacional para la Normalización tiene sus orígenes en la Federación Internacional de Asociaciones Nacionales de Normalización (1926–1939). De 1943 a 1946, el Comité Coordinador de las naciones Unidas para la Normalización (UNSCC) actuó como organización interina. En octubre de 1946, en Londres, se acordó por representantes de veinticinco países el nombre de Organización Internacional para la Normalización. La organización conocida como ISO (International Organization for Standarization), celebró su primera reunión en junio de 1947 en Zurich, Alemania, su sede se encuentra ubicada en Ginebra, Suiza. Su finalidad principal es la de promover el desarrollo de estándares internacionales y actividades relacionadas incluyendo la conformidad de los estatutos para facilitar el intercambio de bienes y servicios en todo el mundo.

En 1959, el Departamento de la Defensa de los Estados Unidos estableció un Programa de Administración de la Calidad que llamó MIL–Q–9858. Cuatro años más tarde se revisó y nació MIL–Q–9858A.

En 1986 la Organización de Tratados del Atlántico Norte (NATO) prácticamente adaptó la norma MIL–Q–9858A para elaborar la primera Publicación del Aseguramiento de la Calidad Aliada (Quality Assurance Publication 1 (AQAP–1). En 1970, el Ministerio de la Defensa Británico adoptó la norma AQAP–1 en su Programa de Administración de Estandarización para la Defensa DEF/STAN 05–8. Con esa base, el Instituto Británico de Estandarización (British Standard Institute, BSI) desarrolló en 1979 el primer sistema para la administración de la estandarización comercial conocido como BS 5750. Con este antecedente, ISO creó en 1987 la serie de estandarización ISO 9000 adoptando la mayor parte de los elementos de la norma británica BS 5750. Ese mismo año la norma fue adoptada en los Estados Unidos como la serie ANSI/ASQC–Q90 (American Society for Quality Control); y la norma BS 5750 fue revisada con el objetivo de hacerla idéntica a la norma ISO 9000. (ISO, 2015)

De acuerdo con los procedimientos de ISO, todos los estándares ISO, incluyendo las normas ISO 9000, debían de ser revisadas por lo menos cada cinco años. La revisión de las normas originales ISO 9000 y sus componentes: ISO 9000, 9001, 9002, 9003 y 9004 publicadas en 1987 fue programada para 1992/1993, la cual se emite en 1994, fecha en la que se creó el "Vocabulario de la Calidad" (estándar ISO 8402, actualmente ISO 9005), el cual contiene terminología relevante y definiciones. Desde ese entonces se han modificado las normas ISO 9000 y la norma ISO 9004, además se agregó la serie de normas ISO 19011:2011. Criterios para auditoria y administración de programas de auditorías.

Posteriormente en el 2000 surge la norma ISO 9001: 2000, que integra en ocho puntos los requerimientos para la mejora continua, actualmente se encuentra vigente la norma ISO 9001:2015 la cual fue emitida en este año e integra los diez puntos para la mejora continua y la satisfacción del cliente, considerando solo las adecuaciones para el cumplimiento de los requerimientos. Tanto en Gran Bretaña como en toda Europa se implantó la norma con gran rapidez debido a que algunos organismos poco escrupulosos exigían a las empresas que se registraban que sus proveedores debían certificarse también, hecho que obligó a cada uno de los proveedores de empresas certificadas seguir el procedimiento. La norma ISO 9000 se comenzó a implantar en Estados Unidos desde 1990 debido a un efecto en cascada generado, en gran parte, por la publicidad y los medios de comunicación, los cuales definieron a la norma ISO 9000 como "El Pasaporte a Europa" que garantizaba competitividad global y que además, la empresa que no se certificara se vería incapaz de comercializar con países europeos. Desde 1993, el tema del pasaporte a Europa dejó de mencionarse, hoy en día los anunciantes simplemente enumeran los programas de cursos tales como: ISO 9000 y las Buenas Prácticas de Manufactura, ISO 9000 y la Administración de la Calidad Total, Cómo Aplicar la Reingeniería a través de la ISO 9000, entre otros. (ISO, 2015)

Los sistemas de calidad basados en reglamentos y procedimientos estandarizados según normas internacionales de aceptación mundial representan, desde hace algunos años, la mejor opción para las empresas de todos tipos y tamaños que se desenvuelven en diferentes industrias, empresas comprometidas a involucrar procedimientos adecuados y eficientes que reflejen un alto grado de calidad y mejora continua. A diferencia de muchos programas de mejora continua de la calidad, la implantación de estándares, como las normas 9000, no caduca, sino que se renuevan en forma dinámica logrando mantener niveles máximos de calidad en forma permanente. La certificación ISO 9000, para una empresa determinada, no significa la eliminación total de fallas en sus procesos internos, pero ofrece métodos y procedimientos eficaces sistematizados para determinar las causas de los problemas para luego corregirlos y evitar que estos se repitan nuevamente.

La certificación de procedimientos de calidad en empresas que ofrecen bienes y servicios a un mercado determinado que representa, en cualquier circunstancia, un mejor posicionamiento de carácter estratégico con respecto al resto de competidores que no han realizado este proceso, sin importar el tipo y tamaño de estas organizaciones. La ventaja competitiva que la empresa alcanza, luego de la certificación, se puede resumir en la obtención de tres componentes muy significativos:

Calidad de los productos y servicios. Deben de cumplir y superar las necesidades, gustos y expectativas del cliente.

Costos. Elaborar productos o brindar servicios con precios competitivos.

Flexibilidad. Reflejado en menores tiempos de entrega y mayor gama de productos. (ISO, 2015)

La formulación de la planeación estratégica generada por los mandos administrativos de los diferentes departamentos de las empresas buscan ejecutar políticas encaminadas a la coordinación de las actividades para lograr objetivos comunes, para el caso de planeaciones estratégicas implícitas, estos objetivos comunes no se encuentran desarrollados formalmente por lo que difícilmente lograrán repercutir en el rumbo de la empresa en un largo plazo, más que todo se busca mantener la operatividad cotidiana. Lastimosamente, esta es la situación de la mayoría de las empresas nacionales que se rigen por administraciones o bien empíricas, ortodoxas o de corte familiar. Este tipo de empresa, por lo general, se opone al cambio y su planificación no contempla factores relevantes preparados para enfrentar la época de globalización que se desarrolla actualmente como son: la competencia con empresas multinacionales mucho más grandes y completas que ella; el empeño demostrado por fabricar productos de calidad; servicio al cliente después de realizar las ventas en otras palabras, la forma de negocios y los éxitos conseguidos al operar en forma tradicional ya no tienen ningún significado. Sin mencionar los efectos que puedan tener sobre la empresa posibles eventos exógenos tales como: una elevada y sostenida tasa de inflación; cambios tecnológicos que conviertan en obsoletos la planta y el equipo existente, recesión, aumento en las tasas de salarios, cambios en la legislación que afecten a la empresa, entre otros. Evidentemente, la mayoría de las empresas en el país no están preparadas para soportar tales inclemencias en su entorno económico. En adición a estos factores, es probable llegar a sufrir algunos de los síntomas inherentes a la globalización como son: competir en precios, competir en costos en competir en servicios, manejar líneas de productos más complejas o intensificar la actividad comercial.

PROCESOS DE MEJORA DE LA CALIDAD

La mejor manera de lograr una ventaja competitiva que permitirá una justa competencia entre empresas nativas de una región y empresas representantes de grandes multinacionales, es ofrecer productos y servicios lo suficientemente similares a los ofrecidos por éstas últimas y a precios competitivos, de manera que los clientes consumirán indiferentemente cualquiera de los productos; esto no se logrará jamás a menos que se adopte la útil herramienta llamada calidad; los procesos operativos, administrativos y gerenciales serán beneficiados enormemente si la calidad se aplica en todos los niveles jerárquicos de la empresa. A partir de este punto, las preferencias del mercado se inclinarán hacia el producto o servicio que contenga dentro de sus características la mayor cantidad de valores agregados que serán detectados gracias a estudios constantes de mercado e incorporados a sus productos y servicios por la empresa que se desempeñe con mayor dinamismo, proceso que al practicarlo constantemente, se le conoce con el nombre de: mejora continua de la calidad.

En México:

México participó a finales del siglo veinte en el debate del futuro de la educación superior en el mundo, a través de la Asociación de Universidades e Instituciones de Educación Superior (ANUIES). Los temas destacables de carácter educativo eran de gran necesidad de revisarlos para transformarlos y enfrentar demandas de un mundo globalizado.

En el mes de octubre de 1998 se celebró la Conferencia Mundial sobre Educación Superior organizada, por la UNESCO. En ella confluyeron los análisis regionales que se desarrollaron a lo largo de los últimos cinco años. Los documentos Declaración mundial sobre la educación superior en el Siglo XXI: Visión y Acción, y Marco de acción prioritaria para el cambio y el desarrollo de la educación superior, señalan los desafíos que se le presentan a la educación superior en el mundo y proponen acciones para poner en marcha un proceso de profunda reforma de este nivel educativo. (ANUIES, 1998)

Las múltiples reuniones internacionales, regionales y nacionales a través de debates dieron como resultados que en estos años se reunieran expertos, investigadores, académicos y directivos de las instituciones educativas y de los gobiernos, lo que permitió advertir la necesidad de una contribución a las reformas educativas que se requieren en nuestras sociedades. De esta forma profesionistas competentes de todos los países coincidieron en señalar la importancia de la educación como estrategia fundamental para fortalecer el desarrollo sostenible de las sociedades.

El Consejo Nacional de la ANUIES acordó, en su segunda sesión de trabajo de 1998, el inicio de un análisis colectivo en el seno de la Asociación para construir la visión del sistema de educación superior (SES) que ésta desea que el país tenga para el año 2020. (ANUIES, 1998)

A partir de esa visión, el Consejo propuso que la Asociación planteara líneas estratégicas de desarrollo de la educación superior a mediano y largo plazos, que coadyuvaran al fortalecimiento de las IES asociadas y del sistema de educación superior en su conjunto, lo cual constituye la materia del presente documento. La visión del sistema de educación superior al año 2020, permite contextualizar la visión y la misión de la ANUIES aprobadas por su Asamblea General en 1998. Estas últimas expresan los fines de la Asociación, sus funciones, valores, intereses y aspiraciones, y sirven como marco de referencia para idear y valorar las opciones estratégicas que surgirán en otros momentos y niveles de análisis. (ANUIES, 1998)

Las políticas que orientan el desarrollo de la educación superior, particularmente las de los años recientes, persiguen como propósito central el mejoramiento de la calidad de los procesos y productos de las funciones sustantivas de las IES. En los distintos programas en curso, desarrollados a nivel institucional, estatal y nacional, se vienen desplegando acciones de fortalecimiento de la vida académica y de sus actores: los programas educativos, los profesores, los investigadores y los estudiantes; y se han venido impulsando mecanismos para evaluar la calidad de modo integral. (ANUIES, 1998)

El mejoramiento y aseguramiento de la calidad está ligado a la existencia de procesos de evaluación que permitan a las instituciones conocer sistemáticamente los aciertos y desviaciones de su proyecto académico. La calidad no puede ser entendida como el logro aislado de un determinado indicador en el ámbito de alguna de las funciones de las instituciones de educación superior. La evaluación, comprendida como un sistema de coherencias entre los distintos factores que constituyen el ser, el hacer y el deber ser de las instituciones de educación superior, conlleva la consideración de tres dimensiones esenciales: la pertinencia o funcionalidad, entendida como la coherencia del proyecto institucional y de sus programas con las necesidades y las características del área de influencia de la institución; la eficacia, definida como la coherencia entre las actividades desarrolladas por la institución en su conjunto para cumplir sus fines y los objetivos de cada uno de sus programas; y la eficiencia, entendida a su vez, como la coherencia entre los recursos invertidos, el esfuerzo desplegado y el tiempo empleado para el logro de los objetivos de los programas y los fines de la institución. (ANUIES, 1998)

El mejoramiento de la calidad está íntimamente ligado, además, con la continua innovación tanto en el ámbito académico como en el de los procesos de gestión. Ante los retos que se plantean a la educación superior de cara al inicio de un nuevo milenio, se requiere necesariamente que las instituciones se constituyan en organizaciones que aprendan continuamente y que innoven sus procesos y estructuras. (ANUIES, 1998)

La Asociación Nacional de Universidades e Instituciones de Educación Superior, ANUIES, ha desempeñado un papel esencial. "La evaluación y la acreditación en México han sido planteadas como un mecanismo para fomentar la calidad de la educación superior. La búsqueda de la calidad ha sido el tema, preocupación y meta expresados en planes nacionales e institucionales desde hace más de una década. La necesidad de lograr una mayor calidad de los procesos y resultados de la educación ha sido también una inquietud planteada cada vez con mayor intensidad, hasta el punto de considerar que la calidad es un atributo imprescindible de la propia educación; toda educación debe ser de calidad" (Pallán, 2000)

A escala mundial, la certificación; a nivel nacional: la evaluación y la acreditación son procesos reconocidos como medios idóneos para el mejoramiento de los sistemas de educación superior, de ese modo, certificación, acreditación, evaluación y calidad están relacionadas entre sí y resulta muy difícil considerarlas separadamente, por lo que la certificación, la evaluación y la acreditación no son fines en sí mismos; son medios para promover el mejoramiento de la educación superior, Hasta ahora no ha resultado muy usual asociar la certificación, la evaluación y la acreditación como actividades con el mejoramiento de la calidad, la generación de información para la toma de decisiones se complica, la garantía pública de la calidad de las instituciones y de los programas que ofrece se logra pero con un esfuerzo multiplicado.

"En el caso de la acreditación, se trata de un procedimiento cuyo objetivo es comparar el grado de acercamiento del objeto analizado con un conjunto de normas previamente definidas e implantadas como deseables. Al mismo tiempo, la acreditación implica el reconocimiento público de que una institución o un programa satisfacen determinados criterios de calidad y, por lo tanto, son confiables.

La evaluación es un proceso que puede ser endógeno, exógeno o mixto; existen autoevaluaciones, evaluaciones de pares académicos y de otros sujetos sociales. En la autoevaluación es la propia institución quien decide si cumple o no la norma que considera adecuada, sirviendo, por tanto, de base para la acreditación, sin que la parte de legitimación pública de calidad sea tan fuerte como la que proviene de instancias externas". (Pallán, 2000)

El Centro Nacional para la Evaluación de la Educación Superior (CENEVAL) y convirtiéndose la evaluación en un componente esencial para el financiamiento de algunos programas específicos pertenecientes al gobierno federal en los ámbitos de la educación superior.

Hasta la fecha, subsisten, con mucho vigor, instituciones como los Comités Interinstitucionales para la Evaluación de la Educación Superior (CIEES) establecido en 1992, contando con siete áreas establecidas, dos de ellas se encargan de evaluar las funciones de las instituciones.

Adicionalmente, dos programas de la Secretaría de Educación Pública, los cuales se sustentan en la evaluación para emitir sus decisiones, tienen aplicaciones específicas en el mejoramiento de los distintos aspectos de funcionamiento de las instituciones: Programa de Fortalecimiento a la Calidad en Instituciones Educativas (PROFOCIE) y el Programa para el Desarrollo Profesional Docente de Tipo Superior (PRODEP).

Al lado de estos avances, y desde hace por lo menos 25 años, algunas instituciones, inicialmente privadas (como el ITESM) y ahora algunas públicas (como la Universidad de Nuevo León) se están acreditando con agencias pertenecientes a otro país. Posiblemente por su cercanía, en el caso de México esto está sucediendo con la Agencia SACS (Southern Association of Colleges and Schools) de Estados Unidos. Al igual que en los casos ya vistos, se trata de ganar una presencia social, a partir de agencias que gozan de credibilidad.

Una descripción más detallada de lo que sucedió en esos años en materia de evaluación y acreditación, podría ser la referente a afirmar que la evaluación avanzó notablemente en cuatro áreas:

1. Alumnos: con la evaluación del CENEVAL

2. Personal académico: evaluados por PRODEP (Programa para el Desarrollo Profesional Docente de Tipo Superior), SNI (Sistema Nacional de Investigadores)

3. Programas de estudio: nacionalmente evaluados por los Comités Interinstitucionales para la Evaluación de la Educación Superior

(CIEES), acreditados por COPAES, con el tiempo para las acreditaciones específicas surgen por áreas, por ejemplo, el Consejo de Acreditación de la Enseñanza de la Ingeniería (CACEI), e internacionalmente evaluados por Accreditation Board for Enggineering and Technology (ABET), Europeo de Acreditación (EUR-ACE), Asociación Universitaria Iberoamericana de Posgrado (AUIP).

4. Instituciones: Si bien la ANUIES (1999) manifiesta que "no existe un organismo que tenga como función la acreditación de instituciones privadas, en sentido estricto...". Sin embargo, es esa propia institución, junto con la FIMPES, las que han dado vida a principios y disposiciones que pudieran englobarse dentro del rubro de este apartado.

El futuro: qué hacer

Como ya se dijo, México llegó tarde a las tareas de evaluación y acreditación. En poco tiempo ha avanzado en el camino y está, en este momento, por establecer un sistema nacional de evaluación y acreditación. Este sistema unificaría el conjunto de esfuerzos actualmente dispersos, integraría políticas nacionales en esta materia y serviría para la mayor cohesión del propio sistema de educación superior en su conjunto. El sistema es todavía una propuesta de la ANUIES pero pareciera que contaría con el beneplácito de la Secretaría de Educación Pública. (Pallán, 2000)

En la Región:

En el Norte de México, particularmente en el Estado de Nuevo León en el camino por conseguir la mayor cantidad de títulos que avalen su calidad, las Universidades locales intensifican la búsqueda del reconocimiento externo. Las universidades locales cada vez tienen más claro que cada certificado, que puede otorgar una amplia lista de órganos evaluadores a nivel nacional e internacional, requiere la inversión de años de trabajo, pero que permite demostrar la calidad en profesores, programas educativos, infraestructura y filosofía institucional.

Las universidades locales cada vez tienen más claro que cada certificado, que puede otorgar una amplia lista de órganos evaluadores a nivel nacional e internacional, requiere la inversión de años de trabajo, pero que permite demostrar la calidad en profesores, programas educativos, infraestructura y filosofía institucional. Una prueba de esta lucha por la calidad es la Universidad de Monterrey (UDEM), que tras ocho años de esfuerzo recibió la acreditación de la Southern Association of Colleges and Schools, conocida como SACS, o el Tecnológico de Monterrey, que tras obtenerla en 1951, cada 10 años ha tenido que respaldar el hecho de haber sido la primera universidad latinoamericana en poseerla. Benito Flores, director del Departamento de Auditoria y Calidad de la UDEM, señala que el concepto de certificación educativa no es una moda. "Hay certificaciones más buenas que otras. ISO es un modelo bueno, pero no para universidades; para nosotros es más relevantes SACS o FIMPES", dice Flores. "Resulta muy riesgoso decir 'soy muy bueno', cuando no hay quién lo avale. Esto (la certificación) es una garantía extra", añade. La certificación que da la Federación de Instituciones Mexicanas Particulares de Educación Superior señala en sus principios que dichos "sellos" de calidad son un bono extra para el estudiante. José Cárdenas, vicerrector del Centro de Estudios Universitarios (CEU), dice que estas herramientas evaluativas son importantes pues garantizan la seriedad y calidad con las que una institución hace las cosas. "Desde luego la institución vale por su servicio a los estudiantes y no por los premios, aunque no sobra una acreditación. Por ello trabajamos para ser reconocidos". "La certificación ya es un imperativo y la institución que no tenga estupra en el aire", considera el vicerrector del CEU, escuela que tiene el aval de la Asociación Nacional de Universidades e Instituciones de Educación Superior y la Federación de Instituciones Mexicanas Particulares de Educación Superior.

Daniel Meade, director de Programas de Calidad del Tecnológico de Monterrey, explica que su institución aspira a posicionarse para el

2005 como líder en Latinoamérica y lograr un nivel competitivo a nivel internacional, por lo cual tiene que medirse con las certificaciones externas. "El TEC tiene una amplia lista de certificados de este tipo, que se remontan a 1951 cuando alcanzamos la SACS, que en nuestro caso fuimos la primera universidad fuera de Estados Unidos en lograrlo y que ahora mantenemos en los campus, abarcando preparatoria, licenciatura y posgrado", dice. Para mantener y alcanzar los estándares solicitados, el Tecnológico creó la Dirección de Programas de Calidad que trabaja constantemente la evaluación del desempeño. "Varias carreras tienen su aval, incluso las cafeterías", explica Meade. "Recientemente la Escuela de Graduados en Administración y dirección de Empresas refrendó su certificado por cuarto año consecutivo como la mejor escuela de negocios de Latinoamérica". La Universidad Regiomontana recientemente logró la Global Alliance for Trasnacional Education, certificación para su maestría virtual en administración, que la convirtió en la primera en Latinoamérica en lograrlo. Leticia Treviño, directora de Asuntos Estudiantiles de la Universidad Regiomontana (UR), señala que ahora se preparan para la certificación del Consejo de Acreditación de la Enseñanza de la Ingeniería, y eventualmente buscarán otra internacional. "En SACS no hemos decidido participar. Nos interesa crecer en esto y estamos revisando cuál organismo va con las directrices de la UR, ya que la acreditación vale por el prestigio del organismo que la otorga", comenta Treviño. Flores de la UDEM, agrega que la acreditación generalmente viaja en la misma dirección que las metas institucionales de una universidad, pues si una universidad tiene el compromiso con la excelencia académica, los modelos como SACS o FIMPES son muy buenos. La UDEM, dice, aspira a acreditar todas sus carreras ante su agencia correspondiente, pues ahora sólo están ingeniería industrial, psicología y medicina. Luis Galán Wong, Rector de la Universidad Autónoma de Nuevo León (UANL), señala que la universidad ha sido la única en México que fue revisada en todas sus carreras por el Instituto de Evaluación de la Educación Superior, con lo que se obtuvieron una lista de sugerencias para consolidarse. "Este gobierno persigue, más que acreditar universidades, acreditar las carreras", dice. "Se creó el Programa Institucional de

Fortalecimiento que busca acreditar todas las licenciaturas, y nos aprobaron 53 millones de pesos adicionales para trabajar en ello". Galán Wong expresa que la UANL está revisando el estatus para acreditar SACS, pues aunque ya hubo acercamiento hubo problemas por las formas de autoridad que tenía la universidad. "Se rebajaron de 400 a 70 las indicaciones de corrección; vamos a solicitarla nuevamente como la primera universidad pública de América Latina que aspira a ella; será difícil por el tamaño, pues mientras la UDEM tiene 9 mil estudiantes mientras la UDEM tiene 9 mil estudiantes en todas sus carreras, aquí hay facultades que solas tienen 15 mil. "Parte del prestigio de la UANL los fundamentos en el número de investigadores calificados que tenemos en el Sistema Nacional de Investigadores (135). Somos la institución más grande en eso, pues tenemos más que Durango, Tamaulipas y Coahuila juntos". Otro indicador, comenta, son los programas de posgrado, pues la UANL tiene 24 reconocidos en el Padrón de Excelencia del Consejo Nacional de Ciencia y Tecnología (CONACYT), gracias a sus profesores investigadores, a la divulgación de sus resultados en revistas internacionales, la creación de patentes y la formación de grupos de investigación." (Periódico El Norte, 2002)

Las diferentes instituciones educativas locales se evalúan algunas desde 1951 y las revisiones de seguimiento son desde 1, 3, 5, 10 años dependiendo la instancia evaluadora, por este motivo se ha logrado mantener la cultura de la evaluación y cada vez se logra incrementar el alcance de dichas evaluaciones.

En la Facultad de Ingeniería Mecánica y Eléctrica de la Universidad Autónoma de Nuevo León:

"Se aceptó el reto de acreditar las carreras de licenciatura y posgrado, desde el 2001, así como la certificación de los procesos administrativos por la Norma ISO 9001:2008,desde el 2002, a través del Sistema de Administración de la Calidad (SAC), actualmente se pretende agregar al alcance del SAC las categorías de las instancias evaluadoras que le aplican a la FIME como son: el CACEI y PNPC, así como PROMEP y SNI de licenciatura y posgrado respectivamente" (García-Rebolloso, 2010), además se encuentra se logró la implementación de la acreditación por ABET, así como del Sello EUR-ACE así como de las Norma Internacionales ISO 45001:2018 antes OSHAS 18001:2008, ISO 14011:2015 e ISO 21001:2018 lo fue todo un reto.

Para lograr estandarizar sus procesos del Sistema de Administración de la Calidad (SAC) para que contribuyan al logro de las Acreditaciones de los Programas Educativos PE de la misma, cabe mencionar que esta Dependencia de Educación Superior (DES) de la Universidad Autónoma de Nuevo León (UANL), cuenta con 35 Programas Educativos PE con aproximadamente 700 Profesores y más de veinticinco mil alumnos, lo cual nos obliga a sistematizar nuestros procesos para optimizar recursos y coordinar esfuerzos ante el volumen de información que se maneja y la velocidad de respuesta a la que está sujeta la Administración de la misma, es así como la DES busca estandarizar sus procesos administrativos en función de las Acreditaciones y Certificaciones a las que está sujeta, es por lo cual que el SAC se convierte en un elemento central para el logro de esta propuesta, esta primera etapa busca establecer las relaciones entre cuatro organismos que Acreditan y /o Certifican a la DES y su relación con el SAC. (García-Rebolloso, 2010)

Con el propósito de alcanzar esta plenitud, también se debe de considerar contar con un método de trabajo que permita organizar todas las actividades de forma estructurada y sistemática, dirigida a contribuir puntualmente a los objetivos estratégicos y operacionales de la misma. Ya que un cambio organizacional se describe como «cambio profundo» que combina modificaciones internas de los valores de la gente, sus aspiraciones y conductas, con «variaciones externas» en procesos, estrategias, prácticas y sistemas, todo esto se contempla en un modelo de gestión.

La aplicación de estos conceptos requiere diversas acciones que facilitan el cumplimiento de metas tales como: dirigir, ordenar, disponer u organizar. (Sange, 2000)

1.4 MODELOS DE GESTIÓN DE CALIDAD

Por lo tanto, un Modelo Estratégico-Sistema Integral de Calidad Educativa: ME-SINCE es un esquema o marco de referencia para la Gestión de Calidad Académico- Administrativa en una Institución de Educación Superior (IES). Pero no solamente es la necesidad de utilizar un modelo, no basta con cambiar estrategias, estructuras y sistemas, también tienen que cambiar las maneras de pensar.

Tabla 2 Modelos de Gestión de Calidad.

MODELO	DEFINICIÓN
EFQM Modelo de excelencia	Marco no prescriptivo que establece 9 criterios (divididos entre facilitadores y resultados), adecuado para cualquier organización a utilizar para evaluar avanzando hacia la excelencia.
Balance Score Card	Rendimiento / Sistema de Gestión Estratégica que utiliza la medición de 4 perspectivas: financiera, clientes, procesos internos y aprendizaje y crecimiento
Premio Malcolm Baldridge	Basado en un marco de excelencia en el rendimiento que puede ser utilizado por organizaciones para mejorar el rendimiento. 7 categorías de criterios: liderazgo; la planificación estratégica, los clientes y el mercado objetivo, la medición, el análisis y la la gestión del conocimiento, se centran los recursos humanos, gestión de procesos y resultados.
Norma ISO 9000	Norma internacional para Sistemas Genéricos de Calidad. Interesado con la mejora continua a través de la acción preventiva. Los elementos son la calidad del cliente y los reglamentarios y los esfuerzos realizados para mejorar la satisfacción del cliente y conseguir una mejora continua.

MODELO	DEFINICIÓN
Proceso de Reingeniería de negocios	Sistema que permita el rediseño de procesos de negocio, sistemas y estructuras para lograr un mejor desempeño. Tiene que ver con el cambio de cada cinco componentes: estrategia, procesos, tecnología, organización y cultura.
Instrumento SERVQUAL	Diseñado para medir las percepciones y expectativas de los consumidores respecto a la calidad del servicio en 5 dimensiones: fiabilidad, tangibles, de respuesta, seguridad y empatía e identificar dónde existen lagunas.

Fuente: Revista Internacional de Calidad y Normas, 2006
Elaboración personal de la autora

Estos modelos simulan la Gestión de la Calidad Total (abreviada TQM,) del inglés Total Quality Management, es una estrategia de gestión desarrollada en las décadas de 1950 y 1960 por las industrias japonesas, a partir de las prácticas promovidas por el experto en materia de control de calidad W. Edwards Deming, impulsor en Japón, y se concentran en el desarrollo sistemático los procesos de negocio que se requieren para lograr resultados de calidad medibles. Por ejemplo, el cuadro de mando integral requiere de la identificación de su caso indicadores de desempeño y el Marco Europeo de Modelo de Calidad (EFQM), habilitadores de desempeño y resultados. La única excepción es SERVQUAL, un modelo que se centra en la evaluación de la calidad de una perspectiva del consumidor. Los modelos que se enumeran en la Tabla II son aplicables al institucional o departamental nivel / facultad y han sido probados en al menos dos de los tres escenarios globales. A pesar de sus diferencias, una característica clave de todos los modelos es la necesidad de auto-evaluación con criterios predefinidos.

Las pruebas de estos modelos se han identificado tanto beneficios como limitaciones en su aplicación a la excelencia. La Tabla 3 resume los esfuerzos de los académicos para implementar y evaluar estos modelos en diferentes países y contextos institucionales.

Tabla 3 Modelos de Gestión de Calidad Aplicada a IES.

Modelo Probado	Autor (año), País	Ventajas / Limitaciones
TQM modelos incluyen: 5-paso programación servicio garantías Hoshin Kanri CQI QFD CRM	· Seeman & O'Hara (2006), USA · Thakkar et al (2006), India · Popli (2005), India · Sahney et al (2004), India · Roberts & Tennant (2003), UK · Cruickshank (2003), USA, Australia and UK · Widrick et al, (2002), USA · Aly & Akpovi (2001), USA · Hwarng & Teo (2001), UK and Singapore · Lawrence & McCo-llough (2001), USA · Pounder (1999), Hong Kong · Roffe (1998), UK · Motwani &Kumar (1997), USA · Colling &Harvey (1995), UK	**Beneficios:** · Se integra TQM como la estrategia a seguir para el logro de los objetivos institucionales, vinculando los procesos a través de auto valoración · Fomenta disciplina considerando los aspectos tangibles e intangibles de las actividades académicos · Identificar los procesos clave y los aspectos operativos necesarios en el diseño y la entrega de cursos en línea con la voz del cliente · Mejoras demostradas incluyen servicio al cliente, los procesos universitarios, el personal y la moral, la calidad y la contratación de personal docente **Limitaciones:** · Dificultad en la transferencia de los principios de TQM desarrollados por la industria para entornos considerando la Historia y Evolución (HE) incluyendo salidas definen; autonomía del personal académico; burocráticas y fragmentadas estructuras; aplicación a estructuras complejas curso; definición de roles estudiante dentro HE (cliente o co-productor) · Mayor relevancia de las funciones de servicio académico de calidad de la enseñanza

Modelo Probado	Autor (año), País	Ventajas / Limitaciones
		· Retos respecto a las habilidades de liderazgo y planificación estratégica en toda la institución · La falta de aceptación y aplicación de la ACT en la ES · Menos control científico es posible en HE en comparación con la fabricación
EFQM	· Calvo-Mora et al, (2006), Spain · Tari, (2006), Spain · Hides, et al (2004), UK · Osseo-Asare & Longbottom (2002), UK · McAdam & Welsh (2000), UK	**Beneficios:** · Mapa Integrado de cuestiones de gestión valorada y útil para asegurar la confianza de los las partes interesadas · Es útil como base de la autoevaluación · Pruebas de relación entre facilitadores / resultados **Limitaciones:** · Más relevante para las funciones de servicio · Dilema de la aplicación del lenguaje de negocios para el sector público · Puede ser de 3 a 5 años antes de que los beneficios son evidentes · Retos respecto a las habilidades de gestión y el compromiso de alto nivel en la ES · Falta de integración entre EFQM y él los mecanismos de control de calidad nacional

Modelo Probado	Autor (año), País	Ventajas / Limitaciones
Balance scorecard	· Chen & Shiau (2006), Taiwan · Cullen et al, (2003), UK	**Beneficios:** · Cuadro de Mando se utiliza para administrar en lugar de controlar el rendimiento · Centrarse en la gestión y evaluación del desempeño · El personal entiende los objetivos de rendimiento · Mejora de la elaboración de presupuestos, asignación de recursos y los sistemas de recompensa · El sistema puede aumentar la calidad de la educación **Limitaciones:** · Indicadores de desempeño requieren una cuidadosa identificación específica a la situación y pueden ser disfuncional menos fundamentada en la estrategia
Premio Malcolm Baldridge	· Arif &Smiley (2004), USA	**Beneficios:** · Es evidente en los elementos operacionales; planificación estratégica y el presupuesto, las carreras, la divulgación y servicios de información · Puede ser a corto, mediano y largo plazo

Modelo Probado	Autor (año), País	Ventajas / Limitaciones
ISO9000 Series	· Sohail et al (2003), Malaysia · Shutler & Crawford (1998), Singapore	**Beneficios:** · Certificación de calidad puede mejorar condiciones de trabajo interdepartamental, estudiante, inscripción, y el personal / satisfacción de los clientes y los proveedores · Mejora continua logrado a través de la acción preventiva **Limitaciones:** · Control Científico menos alcanzable en la educación superior que en la manufactura
Reingeniería de procesos de negocios	· Sohail, et al, (2006), Malaysia · Welsh & Dey (2002), USA	**Beneficios:** · Método rentable para la rendición de cuentas · Permite a la organización a ser conducido a través de la mejora del núcleo re-enfocar procesos para mejorar los niveles de productividad y el servicio · Toma en cuenta un amplio número de opiniones de los interesados · QMS 2000 en la Universidad de Louisville ha mejorado significativamente el uso de datos para fines de control de calidad

Modelo Probado	Autor (año), País	Ventajas / Limitaciones
Modificado (SERVQUAL)	· Abdullah (2006), Malaysia · Markovic (2006), Croatia · Ford et al, (1999), New Zealand and USA · Kwan & Ng (1999), China and Hong Kong	**Beneficios:** · Permite la evaluación de puntos de vista internos y externos del cliente que es importante en un entorno competitivo **Limitaciones:** · Impactos cultura estudiantil sobre la importancia percibida de diferentes elementos de la ES y tanto en la percepción de la calidad · Los indicadores de desempeño relacionados con los procesos de gestión, pero no se ocupan educación de calidad

Fuente: Revista Internacional de Calidad y Normas, 2006
Elaboración personal de la autora

Al mismo tiempo, como indica la Tabla 3, se muestran distintos beneficios tangibles asociados a los modelos particulares para las diferentes partes interesadas en la historia y evolución. Por ejemplo, los modelos de Gestión de Calidad Total se asocian con mejoras en los clientes servicio y la facultad moral, el cuadro de mando integral se informa para mejorar elaboración de presupuestos, asignación de recursos y los sistemas de recompensa e ISO 9000 ha llevado a mejoras en las condiciones de trabajo interdepartamentales y a estudiantes en su inscripción. (Becket, 2006)

Estos modelos también incorporan la perspectiva de los estudiantes, clientes, un tema de creciente importancia en un cada vez más competitivo medio ambiente. Una ventaja final es que todos los modelos de facilitar la identificación de las prioridades de mejora de la calidad.

Sin embargo, estos beneficios deben reconciliarse con un número de limitaciones en gran parte relacionada con el dilema de la aplicación de modelos de negocio en un contexto de excelencia.

En la tabla 3, se muestra los diferentes modelos existentes en el mundo que se han aplicado en instituciones de educación superior, mostrando los beneficios y limitaciones de cada uno, (Mauren & Becket, 2006) menciona que un beneficio clave de todos los modelos es el enfoque estratégico para la medición de la calidad y gestión, que una vez adoptado este requisito por las instituciones a través de sus diferentes departamentos se genera una cultura de calidad.

1.5 CARACTERIZACIÓN DEL MODELO ESTRATÉGICO-SISTEMA INTEGRAL DE CALIDAD EDUCATIVA: ME-SINCE ES UN ESQUEMA O MARCO DE REFERENCIA PARA LA GESTIÓN DE CALIDAD ACADÉMICO- ADMINISTRATIVA EN UNA INSTITUCIÓN DE EDUCACIÓN SUPERIOR (IES)

En la Facultad de Ingeniería Mecánica y Eléctrica de la Universidad Autónoma de Nuevo León (UANL) existe la necesidad que posibilite el cumplimiento de su misión de formar profesionistas en diferentes áreas de la ingeniería y dirigirla al logro de su visión, y trabaja para estructurar en desarrollar el sistema de procedimientos para contribuir al fortalecimiento de la gestión de calidad académico-administrativa de la institución y por consecuencia colaborar en la formación integral de sus estudiantes, y así entregar a la sociedad ingenieros mejor preparados no sólo para participar con alta probabilidad de éxito en el ejercicio profesional, sino para ser líderes y protagonistas del cambio hacia los estadios más satisfactorios para los futuros egresados y la sociedad en general. (León, 2010)

En base al plan de desarrollo que tiene la Facultad, así como la Visión 2030 de la UANL, se pretende ofrecer una respuesta concreta a las demandas de la sociedad a través de estrategias y políticas que impulsen un cambio de cultura, y que posibiliten que éstas se conviertan en motor para el desarrollo así como un instrumento para la realización de aspiraciones colectivas. (Universidad Autónoma de Nuevo León, 2020)

En la actualidad se establecen metas concretas que permitan lograr las aspiraciones de nuestra Institución, trabajando de forma colegiada, buscando innovar los procesos, se rediseñan las estrategias y acciones para fortalecer las actividades de gestión, esto permitirá concentrar la atención en el resultado de cada uno de los procesos que realiza la organización, permitiendo así, el desarrollo de una cultura de calidad dirigida hacia la mejora continua". (Martínez García D. , 2009) En este proyecto de investigación participaron varias Subdirecciones de la Facultad, las cuales trabajan colaborativamente realizando una interacción de sus procesos de calidad, utilizando esta estrategia como un instrumento que coadyuva en el cumplimiento de la visión de la FIME. Lo anterior hace posible una gestión generadora de valor para el cliente y que, por tanto, procura su satisfacción. Por otra parte, determina qué procesos necesitan ser mejorados o rediseñados, establece prioridades y provee de un contexto para iniciar y mantener planes de mejora que permitan alcanzar objetivos establecidos" (Martínez García D. , 2009). Así mismo, se trabaja en equipo con los profesores de la institución para que la planta docente participe en la obtención del perfil deseable del profesor universitario; demostrando su competencia al desarrollar las cuatro acciones sustantivas que propone el programa de mejoramiento al profesorado (PRODEP, 2017); de esta forma el docente crece profesionalmente y este desarrollo impacta a su vez en la formación integral de los estudiantes.

Con esta intención se rediseñó el Sistema de Administración de la Calidad el cual tiene como Visión:

En el año 2030 la Facultad de Ingeniería Mecánica y Eléctrica de la Universidad Autónoma de Nuevo León es socialmente responsable y cuenta con reconocimiento de clase mundial por su calidad y relevancia en la contribución al desarrollo humano, científico, tecnológico, sustentable e innovador, centrado en el aprendizaje en las áreas de la ingeniería interrelacionadas con la mecánica, eléctrica, administración, tecnologías de la información y la biomédica.

Para el cumplimiento de la visión señalado se determinaron la política de calidad y sus objetivos de calidad siguientes:

Política de Calidad y Objetivos de Calidad

Todos los que conformamos la Facultad de Ingeniería Mecánica y Eléctrica de la Universidad Autónoma de Nuevo León, manifestamos nuestro compromiso de cumplir con los requisitos legales y otros requerimientos aplicables a nuestra dependencia, así como de las partes interesadas, para satisfacer y superar las expectativas de la sociedad, buscando la excelencia mediante la mejora continua a través del logro de los OBJETIVOS DEL SISTEMA INTEGRAL DE CALIDAD EDUCATIVA mencionados a continuación:

1.- Elevar la calidad de la formación integral universitaria, tanto de sus estudiantes, profesores como del personal administrativo.

2.- El logro de una extensión y vinculación con el entorno mediante la participación comprometida de la FIME, generando y apoyando proyectos y acciones a través de alianzas estratégicas con los diferentes actores sociales, en beneficio de la sociedad, particularmente con la industria.

3.- Aumentar la extensión y vinculación con el entorno mediante la participación comprometida de la FIME, generando y apoyando proyectos a través de alianzas estratégicas con los diferentes actores sociales, en beneficio de la sociedad, particularmente con la industria.

4.-. Mejorar la práctica de una gestión ética y de calidad, la toma de decisiones basadas en el marco normativo vigente, asegurando un adecuado clima laboral, desarrollando talentos en el recurso humano, manteniendo y mejorando la infraestructura, con procesos internos altamente participativos e incluyentes, con especial énfasis en materia de transparencia.

5.- Contribuir al desarrollo de las buenas prácticas en materia de Seguridad y Salud Ocupacional, previniendo lesiones y enfermedades; así como fomentar el cuidado del Medio Ambiente en el desarrollo de las actividades de la comunidad de la FIME.

Lo anterior no sólo hace referencia a lo educativo, sino también a lo laboral, puesto que la Facultad de Ingeniería Mecánica y Eléctrica de la

Universidad Autónoma de Nuevo León no sólo es un semillero de nuevos líderes y proveedor de profesionistas preparados en las diferentes áreas de conocimiento y destacados por su visión puesta siempre en el futuro. Ésta también se destaca porque se rige por los valores necesarios para el buen funcionamiento de una institución educativa socialmente responsable de la formación integral de miles de estudiantes; de la generación y aplicación del conocimiento y la cultura; y por supuesto, del adecuado funcionamiento institucional en todos sus ámbitos.

1.6 DIAGNÓSTICO DE LA GESTIÓN DE LA GESTIÓN ACADÉMICO-ADMINISTRATIVA CON ÉNFASIS EN LA INFORMACIÓN DOCUMENTADA DEL SISTEMA DE ASEGURAMIENTO DE LA CALIDAD

Como fue señalado en el libro Diseño para la investigación del Modelo Educativo: Sistema Integral de Calidad Educativa. Prospectiva de mejora continua (García Rebolloso 2024), para conocer el estado actual del problema de investigación en un medio concreto se aplicaron diferentes métodos y técnicas.

Para realizar el análisis de los datos se tomaron como referencia las dos dimensiones determinadas, (Programas Educativos y Profesores de Tiempo Completo), para cubrir los tres indicadores de cada uno, se consideraron los datos obtenidos del Anexo 1, así como entrevistas que fueron complementados con la experiencia de la autora, (Ver Anexo 2), los cuales permiten analizar con mayor profundidad la problemática. Los resultados obtenidos, se exponen a continuación:

1.6.1 Dimension I. Programas educativos

Los programas educativos son considerados una de las dimensiones de la presente investigación ya que se establecen como fundamentales en una IES para ser considerada de calidad, y se dividen en las categorías que se clasificaron de la siguiente manera: *1.- Normatividad, 2.- Estudiantes,*

3.- Objetivos Educacionales del programa, 4.- Resultados Estudiantiles, 5.- Mejora Continua, 6.-Curriculum, 7.- Profesorado, 8.- Instalaciones, 9.- Apoyo Institucional, entre otras acciones.

Una vez que es sometido a evaluación, la forma en que se dictaminan los resultados a través de las evaluaciones con fines de acreditación son los siguientes:

1.6.1.1 INDICADOR: Acreditado-Acreditado con condiciones-No acreditado

A continuación se explican los indicadores seleccionados:

- Acreditado: Se considera un Programa Educativo Acredito aquel que fue sometido a evaluación con un marco de referencia de una instancia para el aseguramiento de la calidad en su vertiente externa. Éste es el resultado de un proceso en el que un cuerpo gubernamental, paraestatal o privado (agencia acreditativa) evalúa la calidad del programa educativo y lo reconoce como portador de ciertos criterios y estándares de calidad.
- Acreditado con condiciones: Se considera al Programa Educativo Acreditado con condiciones cuando el procedimiento de evaluación, de acuerdo al marco de referencia al que se ha sometido, requiere de una reingeniería y requiere que se propicie la mejora. No obstante, continuamente se esté revisando para consolidarlo.
- No acreditado: Se considera al Programa Educativo No Acreditado aquel que después de una evaluación no cumple

1.6.1.1.1 Resultados Encuesta de la Dimensión de Programas Educativos

Para medir resultados de los programas educativos se encuestó a los Directivos de los programas educativos y se obtuvieron los siguientes resultados: (Ver Anexo 1)

Los directivos de los programas educativos han respondido el 80% que se encuentra acreditado el programa educativo que lidera, sin embargo comentan el 37.5% que tuvieron que ir a replica para lograr la acreditación, el 20% restante aun no le aplica, ya que para que un programa sea evaluable debe tener al menos una generación de egresados.

El 100% de los directivos responden que si han sido entrevistados para evaluación del programa educativo, sin embargo solo el 20% conocen la cantidad de indicadores le son solicitado por las instancias que lo evalúan.

Gráfica 1 Conocimiento de indicadores.

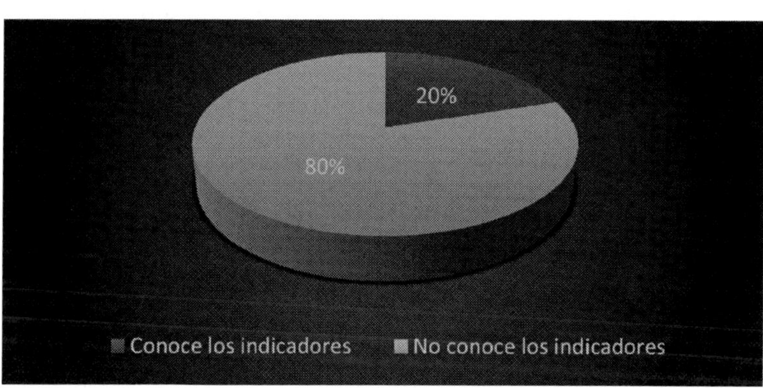

El 100% de los directivos han tenido que dedicar tiempo adicional a sus labores para preparar la información que le solicitan ya que no cuentan con un método que sistematice la información con estructura, objetividad, datos históricos y tiempo de respuesta.

1.6.2 Dimension II. Profesores de tiempo completo

En el caso de los Profesores de Tiempo Completo, como segundo paso, se relacionó los marcos normativos y se generaron procesos estratégicos para estandarizar las *Acciones Sustantivas de los Profesores de Tiempo*

Completo de Calidad las cuales se clasificaron de la siguiente manera: *1.- Docencia, 2.- Gestión-Vinculación, 3.-Tutoría 4.-Investigación*, entre otras.

Una vez que los profesores son sometidos a evaluación, la forma en que se dictaminan los resultados a través de las evaluaciones son los siguientes:

1.6.2.1 INDICADOR: Reconocido - Condicionado - No Reconocido

Esta dimensión incluye los siguientes indicadores, considerados como rasgos deseables en un Profesor de Tiempo Completo.

- ***Reconocido:*** Se considera a un Profesor de Tiempo completo como reconocido a aquel que cuente con un alto desempeño de las cuatro acciones sustantivas como son: docencia, gestión, tutoría e investigación y a través de estas actividades adquiera el reconocimiento como profesor de tiempo completo de calidad por cumplir los criterios considerados en el marco de referencia al que fue sometido.
- ***Condicionado:*** Se considera a un Profesor de Tiempo completo condicionado aquel que se sometió a evaluación y es considerado no reconocido por cumplir parcialmente con los criterios considerados en el marco de referencia al que fue sometido, y el profesor establece replica debido a que considera tener la suficiente evidencia de realizar las cuatro acciones sustantivas para ser reconocido como de calidad.
- ***No reconocido:*** Se considera a un Profesor de Tiempo completo como no reconocido aquel que no cuenta con suficiente evidencia de realizar las cuatro acciones sustantivas para ser reconocido como profesor de tiempo completo de calidad, de acuerdo al marco de referencia al que fue evaluado.

1.6.2.1.1 Resultados Encuesta de la Dimensión de Profesores de Tiempo Completo

Para medir resultados de los Profesores de Tiempo Completo se encuestó a los Profesores de Tiempo Completo (Dueños de proceso) y se obtuvieron los siguientes resultados: (Ver Anexo 1)

Los profesores de tiempo completo han respondido el 60% que han sido evaluados y reconocidos, sin embargo el 7% comentan que tuvieron que ir a replica para ser reconocidos, el 3% no fue reconocido y el resto no aplico.

Gráfica 2 Profesores evaluados

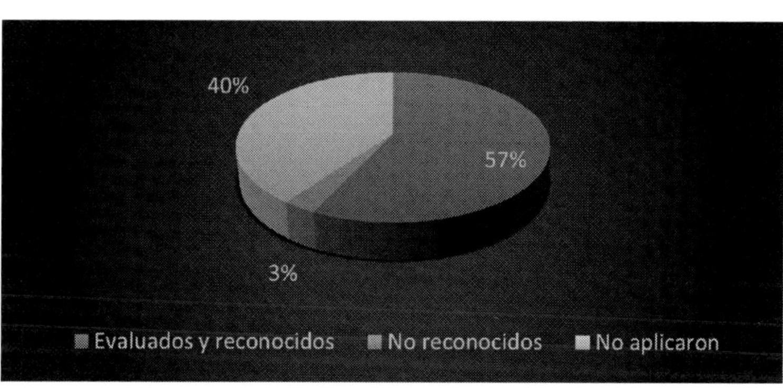

La instancia por la que los profesores fueron evaluados fue 55.61% PRODEP, SNI 22.19%, la cantidad de profesores evaluados en cuerpos académicos, 41.44% y el 10% de los profesores contestaron otro, en donde se mencionó certificaciones, cabe mencionar que en esta variable supera el 100% debido a que los profesores participan en una o más evaluaciones.

El 20% de los profesores de tiempo completo considera que la información solicitada es congruente en cada una de las actividades que realiza y le da un valor agregado en su actividad, sin embargo el 80% comenta que no, debido a que le faltan datos históricos, estructura y objetividad.

Gráfica 3 Información congruente

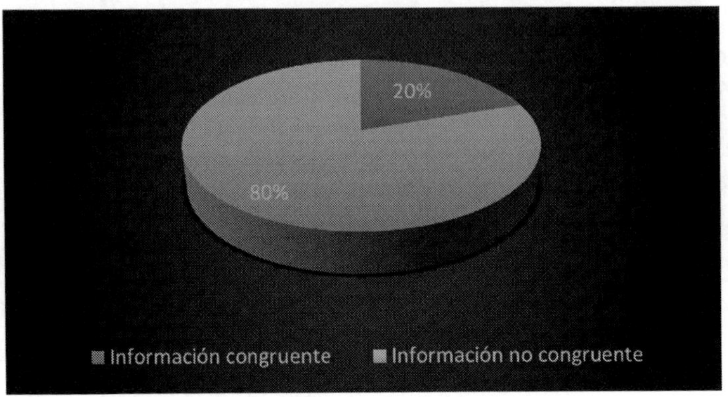

Resumen

El análisis de las fuentes teóricas pone en evidencia que la gestión se nutre esencialmente de la gestión en la industria, por eso centra su atención en la elaboración de productos y/o servicios de calidad. La gestión universitaria en las diferentes áreas de la IES, son de una especie diferente, debido a que la misión de la universidad se orienta a la formación de estudiantes y en base a esto se deben de planear, organizar, ejecutar con dirección e integración y controlar las acciones de una IES.

Se toman como referentes los modelos de calidad en diferentes partes del mundo en instituciones educativas y se toman en cuenta las características que de acuerdo a los propósitos de este estudio poseen una connotación importante. Se caracteriza el Modelo Estratégico-Sistema Integral de Calidad Educativa: ME-SINCE como un sistema estratégico importante que se interrelaciona con los procesos de la gestión académico-administrativo. Dicha caracterización se realiza en lo general y también en cuanto a lo particular, al tomar como contexto de estudio la Facultad de Ingeniería Mecánica y Eléctrica de la UANL.

El diagnóstico realizado en la dependencia señalada, a través de las dos dimensiones Programas Educativos y Profesores de Tiempo Completo, permitió identificar los aspectos a mejorar así como las fortalezas y debilidades en la gestión académico-administrativa de una IES y en particular en el sistema de aseguramiento de la calidad, se considera relevante el uso del Modelo Estratégico ME-SINCE que sistematice la información con una mejor estructura y objetividad en la información que proporciona, además con datos históricos y tiempo de respuesta en tiempo y forma que permitan proporcionar indicadores solicitados por las instancias que evalúan la calidad educativa a nivel nacional e internacional. El análisis teórico y la valoración empírica permitieron detectar aquellas brechas epistemológicas que debían ser resueltas en la investigación.

Anexo 1

ENCUESTA DE DIMENSIONES DE PROGRAMAS EDUCATIVOS Y PROFESORES DE TIEMPO COMPLETO

Objetivo: Contribuir a la Mejora con la Integración y el Fortalecimiento de la Gestión Académico-Administrativa, a través del Sistema de Aseguramiento de la Calidad. Como una prospectiva de mejora continua.

I.PROGRAMAS EDUCATIVOS

1. ¿Los Programas Educativos de su escuela son evaluados?

   a) Si b) No

2. ¿Por cuál(es) instancias son evaluados?

   a) CACEI b) CIEES c) SNP d) Otro

   ¿Cuál?________

3. ¿Son instancias?

   a) Nacionales b) Internacionales

4. ¿El programa educativo al que usted pertenece, esta?

   a) Acreditado b) Acreditado con condiciones c) No acreditado

5. ¿Si usted es profesor(a) ha sido entrevistado para evaluación del programa educativo?

   a) Si b) No

6. ¿Qué cantidad de indicadores le son solicitado por las instancias que lo evalúan?

____

7. ¿Ha tenido que dedicar tiempo adicional a sus labores para preparar la información que le solicitan?

a) Si b) No

8. ¿Cuenta con un método que sistematice la información?

a) Si b) No

II. PROFESORES DE TIEMPO COMPLETO

9. ¿Usted ha sido evaluado como Profesor?

a) Si b) No

10. ¿En el resultado de esta evaluación usted fue?

a) Reconocido b) Condicionado c) No reconocido

11. ¿Por cuál instancia fue evaluado?

a) PRODEP b) SNI c) CUERPOS ACADEMICOS d) Otro

¿Cuál?________

12. ¿Considera que la información solicitada es congruente en cada una de las actividades que realiza?

a) Sí, porque____________________________________

b) No, porque____________________________________

13. En caso de haber contestado que sí, ¿le dan un valor agregado en su actividad?

a) Sí, porque____________________________________

b) No, porque___________________________________

14. Con respecto a la información que usted maneja, ¿considera que los indicadores son congruentes con las actividades que usted realiza?

a) Sí, porque____________________________________

b) No, porque___________________________________

15. ¿Cree usted que los indicadores le ayudan a conocer, controlar y mejorar sus actividades?

a) Sí, porque____________________________________

b) No, porque___________________________________

16. Los indicadores que maneja, ¿usted puede realizar acciones que ayuden a controlarlos y mejorarlos?

a) Sí, porque____________________________________

b) No, porque___________________________________

17. En caso de haber contestado que No, ¿a quien considera que correspondería la medición?

a) Subdirección b) Coordinación c) Otro, mencionar_______

18. ¿Considera que los indicadores que usted maneja están relacionados con los solicitados de las instancias que nos evalúan?

a) Sí, porque____________________________________

b) No, porque___________________________________

19. ¿Es de su conocimiento que las actividades que usted hace y mide, alguien más las realiza?

a) Sí, porque____

b) No, porque____

c) No sabe

20. ¿Está dispuesto a trabajar en equipo para establecer actividades e indicadores que se le solicitan por las diferentes instancias que nos evalúan?

a) Si   b) No

Anexo 2

ENTREVISTA A DIRECTIVOS RELACIONADOS CON SISTEMAS DE ASEGURAMIENTO DE LA CALIDAD

Estimado directivo, la presente entrevista tiene como objetivo conocer su percepción en relación a la gestión académico-administrativa que realiza la IES, en las diferentes etapas que propone el Modelo Estratégico ME-SINCE, considerando la importancia de su opinión para proponer acciones que permitan una prospectiva de mejora continua, por lo que de antemano le agradezco su valiosa participación en esta entrevista.

Etapa estratégica

1. ¿Cómo considera los requisitos fundamentales que establecen los límites del Modelo?
   a) Plan de Desarrollo
   b) Estructura Académico-Administrativa
   c) Modelo Educativo
   d) Sistema de Aseguramiento de la Calidad

Etapa táctica

2. Exprese su opinión sobre las dimensiones consideradas en el Modelo, ya que se partió de la premisa: "Una Escuela de Calidad está constituida por Programas Educativos de Calidad y Profesores de Tiempo Completo de Calidad", por esta razón estos elementos fueron considerados para la revisión de los marcos de referencia que establecen los indicadores a evaluarse y objetivos a cumplir.

Etapa Operativa

3. Refiérase a los procesos que surjan de los diferentes marcos de referencia y la interrelación entre ellos, indicando cómo valora la construcción de los procesos y si los considera relevantes.

4. Considera que el Modelo Estratégico ME-SINCE debe ser el eje transformador para la Formación Integral Universitaria.

5. Valore el Modelo Estratégico ME-SINCE desde la perspectiva de los estudiantes, profesores y sus directivos.